さあ、どうする小沢一郎

畑 静枝……［著］
Shizue Hata
岡村 青……［構成］

言視舎

まえがき――小沢一郎追っかけ歴二十数年、茨城一新会の女帝といわれて

二〇一二年十二月の衆議院選挙、小沢陣営惨敗のほんの半年ほど前、こんなに素晴らしいことがあったのです。

このようなことって、本当にあるものなんですわね。私、テレビに向かって思わず歓声を挙げちゃったんです。

「やったやったー！　バンザーイ」ってね。

さいわいリビングルームには誰もおらず、私一人だけでしたから突然素っ頓狂な声を挙げたからってびっくりする人もいませんが、いま思うと恥ずかしいぐらい。まるで小娘のようなはしゃぎっぷりに。

でもね、感動で胸がいっぱいになり、この感動を誰かにしゃべらずにはいられないという衝動にかられたのも、いつわらざる気持ちだったんです。

その日、つまり二〇一二年四月二十六日のことです。私は朝早くから、二十畳間ほどあるリビ

ングルームに備えた五二インチの液晶テレビの前にほとんど釘付けとなり、某チャンネルの画面に目を凝らしておりました。

このようにいおうものなら、「なんだなんだ、ヒマを持てあましてるおばさんが朝っぱらから韓流ドラマかよ……けっこうなご身分だ」、などと呆れるかたもおられるでしょう。近ごろは韓流にどっぷりハマってる中年女性も少なくないみたいですからね。けれど私の場合はそうじゃないんですよ。私が見ていたのは、この日の午前十時、政治資金規正法違反の刑事被告人として法廷に立つ、小沢一郎民主党元代表に対する最後の審判が東京地方裁判所で言い渡される、そのニュース番組だったのです。

「小沢一郎は無罪に決まってる」「検察官役の指定弁護人が言い張るような虚偽記載なんて、小沢はぜったいにやってない」「事件は検察のでっちあげよ」――

テレビ画面を見ながら、ひとりでこう吠えまくっておりました。もちろん私は評論家でもなければ政治家でもない、ごく普通のオバさんにすぎません。自動車が趣味ですからフォードのムスタングやビエックを乗りまわし、いまもベンツを運転しておりますけど、普段はスパッツにブラウス姿で掃除洗濯賄いに余念がありません。

住まいも、カエルやバッタ、ときたまタヌキものこのこ這い出すような茨城県つくば市の田園地帯のど真ん中にあり、申し分ない自然景観にかこまれて過ごしております。

ただ、小沢一郎議員を支援し、バックアップする、私のような支持者たちでつくる『茨城一新会』を立ち上げた関係で会長を仰せつかる、あるいは全国にかずある一新会のなかで女性会長は茨城一新会の私だけ、国政レベルの候補者選定にも関与する、小沢一郎を一途に応援しつづけ、小沢〝追っかけ〟歴二十数年、というような実績から、私を『茨城一新会の女帝』などとおっしゃるかたもおられるようでございますけどね。

まぁ、女帝だなんて、なんですかねぇ。私、そのようにいわれるほど身におぼえもありませんし、第一、そのような自惚れなど、これっぽっちもございません。

そのようなわけですから政治の世界もスブのしろうとなら、まして法曹界なんてなおさら関心もうすく、裁判のことなどまったく想像もつきません。けど、それでもやっぱり小沢一郎に対する裁判はどこかへん、おかしい、という素朴な疑問はこのオバさんだって持っております。

そう思いませんか?

だってそうでしょう。小沢一郎が世田谷区内に秘書寮を建設するのに買った土地の購入資金四億円のなかには、大手ゼネコンからせしめた裏ガネが流れているはずだとの筋立てで東京地検特捜部は、小沢の資金管理団体陸山会の事務所を家宅捜査したり、小沢にも何度か事情聴取をしている。ところが結局、容疑につながる証拠などなにひとつ出てきやしなかった。だから東京地検は嫌疑不十分として小沢を不起訴処分にせざるを得なかったじゃありませんか。あたりまえでしょ。やましいことなんてなにひとつないんですから、小沢一郎には。

そりゃー確かに仏頂面して、とっつきにくいところがあるのも事実ですわ。いまひとつ女性ファンが増えない要因は笑わないような性格にもあるのでは、と思うんです。そのためマスコミ受けもきわめてよろしくない。よろしくないから〝剛腕〟だの〝壊し屋〟だのといったマイナスイメージばかりがますます増幅し、ついには『政治とカネ』でとことん叩きのめす。ですからいまではすっかり政界のヒール、悪党の親玉のような扱いじゃありませんか、小沢一郎といえば。

ま、それはそれとしても、捜査のプロである東京地検特捜部が不起訴にしました。それにもかかわらず、あえて東京第五検察審査会の指定弁護人たちは二〇一一年四月二十七日、小沢一郎を起訴して裁判にかけるべし、と議決したんです。なんてことでしょうね。議決の背後には、なにがなんでも小沢一郎の政治生命を断ち、政界から抹殺するといった検察権力の露骨な悪意が働いているとしか私には思えません。

このときからでした、私の検察不信、裁判不信が深くなりましたのは。そしてこれに比例して、小沢一郎は絶対無実、指定弁護人が指摘する虚偽記載などありっこない、事実無根であるとの確信を強く持つようになりましたのも。

それほどに私は小沢一郎を信頼し、身の潔白を信じて疑いません。それが今日、東京地裁ではっきり証明されようとしているのです。はたして指定弁護人が二〇一二年三月九日の論告求刑公判でおこなった禁固三年の求刑を認め、犯罪者として小沢一郎を国民の目にさらすのか。それとも無罪か。その白黒がつくのです。

東京地裁は霞ヶ関の官庁街にあります。そのため小沢一郎や東祥三議員に面会するため衆議院会館を尋ねるたび、タクシーで通るところです。その東京地裁の正面入り口周辺では小沢一郎を支援する人たちが大勢詰め掛け、『無実』と書いたプラカードや、『国民の生活が第一』と印刷したポスターをかかげながら無罪を訴え、気勢を挙げておられます。

選挙用であり、裁判のために用意したわけではありませんが、私も小沢一郎のポスターやプラカードを作っておりましたから、一緒にそこへ、と思ったものです。いても立ってもいられず、ジレったい思いにかられたのは私だって同じでしたからね。それを思いとどまったのは、冷静に考えてみればすでに私は古希をすぎ、人様の前にシャシャリでる年齢でもない。東京地裁に駆けつけるのも支援なら、テレビ画面を通し、小沢一郎の無罪を祈るのも立派な支援ではないか、こう、私は思い直したわけなんです。

それに、このようなことも私を東京地裁に向かわせなかった動機になっておりました。それは何かと申しますと、まずひとつは、判決を言い渡される数日前、見たことのない野鳥が寝室の窓辺に飛来し、エサをついばむすがたを見つけたことです。

私は犬が大好き。犬と聞いただけでもうデレデレといった人間なんです。ですから飼いましたわよ、いままで随分と。フォシステリア、シーズ、ボクサー、雑種もおりましたからなんやかんやで十数匹は飼ったかしら。

でも二〇一二年四月、コッカスパニエルを見送ったのを最後にきっぱりやめました。もしこのさき私になにかがあったとき、あとに残された犬はいったいだれが面倒を見るのか。このことを思うから金輪際飼うのはやめよう、そう決めたんです。独身主義を通してきた私がこれ以上ペットを飼うのはペットを悲しませるだけです。

このような事情でペットはすっかりいなくなりました。けれど今度は野鳥が犬の代わりになってくださいました。私の寝室は西南に面しており、窓の向こうには竹林や雑木林がひろがっておりますます。そのため夜明けとともにツグミやシジュウガラ、ウグイスなどがさえずりはじめ、スズメのダンスなどに見とれていると一瞬少女の頃に引き戻されてしまいますわね。もっともこのようにさせたそもそもの責任は私にあったのですけどね。朝になりますと食パンを小さくちぎって外に放ったり、米粒をぱらぱらっと撒いたり、餌付けをしておりましたから。そのせいか、いまではすっかり顔なじみ。ところがそのような彼らのなかに、いままで一度も見たこともない黒いからだに白い羽根の小鳥が二羽、寝室の窓に飛んで来て、エサをついばんでおりました。

「おや、見たこともない小鳥だわ。こりゃきっと、何かいいことあるかも……」

このようなことを思いながら、つがいの小鳥が飛び去った方角をしばらく見つめてたんです。判決が言い渡される数日前の朝のことでした。

ふたつめは、判決が言い渡される前日と当日の二度、小沢一郎の夢を見たことです。

前日の夢は、小沢一郎と和服すがたの和子夫人が二人、ならんで出てきたんです。ただしなぜかその時の小沢は半袖の白いTシャツに紺のスラックスすがただったんですよね。いまでも、なんであのようなかっこうで夢に出てきたか、思い出すたび首をかしげちゃうんですけど。ま、夢なんてそんなもんだろ、と納得してますけどもね。

で、当日の夢はといいますと、こちらはしごくまっとうでございまして、例によって愛用の濃紺スーツすがた。小沢一郎が一人で現われました。こちらも、思い出すたびムフフってほくそ笑んだりしちゃってますけどね。けど、だからってくれぐれも誤解しないでくださいね。

振り返れば小沢一郎を勝手に応援しつづけて二十数年。よくぞ長いお付き合いをしてきたものです。けれど小沢一郎を夢に見るなどこれが初めて。今までまったくなかったことです。私にとってこれだけでも特筆ものなのに、しかも二夜つづけてときている。こうくれば、これはある種の暗示にちがいない。暗示とすれば、それは判決を指している。こう考えて当然でしょう。めずらしい小鳥の飛来といい小沢一郎の夢といい、これはまさしく吉報をもたらす前触れに相違ないとの確信をこれで私はいっそう強くしたものです。

偶然とはいえ、このようなことが連続したことも東京地裁に出掛けなかった理由でした。しかもそこへもってきてテレビ画面から無罪判決の速報でしょ。うれしさと感動で声をあげたくなるのもムリないでしょう。この感動は、翌日の朝刊でいっそう深く致しました。新聞には、だいたいこのように書いてありましたわね。

午前十時、東京地裁一〇四号法廷の証言台の前に立った、濃紺のスーツ姿の小沢一郎被告に対して大善文男裁判長は、まずさきに主文から言い渡したといいます。

「被告人は無罪」。

各メディアの記者たちが一斉に法廷外に飛び出すなど、ややざわめいた廷内にふたたび静けさがもどったところで大善裁判長はもういちど、「被告人は無罪という結論にいたりました。わかりましたね」、とたたみこむように主文を伝えたようです。緊張した面持ちで主文を聞き取っていた小沢一郎は裁判長の念押しに、いくぶんかすれた声で「はい」と答え、裁判長に一礼したともいいます。

新聞記事を読み、まぎれもなく無実であることを確かめたことで、ついに小沢一郎の身の潔白が証明されたことを私はあらためて実感致しました。そして同時に私は、このような思いをいっそう強くしたものです。叩かれようが貶されようが、信念をつらぬき、決してブレない、まことの政治家として信じるに足る人物と思い、小沢一郎を今日まで応援してきた自分に恥じることはない、とね。

まあ、そうじゃなかったらどうしていなかのオバさんが身銭をはたいてまで二十年以上も、小沢〝追っかけ〟なんてやってますかっていうのよ。

みごと無罪を勝ち取りました。五月八日には、二〇一一年二月以来課せられていた党員資格停止処分も一年三カ月ぶりに解除され、座敷牢の監禁状態からようやく釈放されました。さあ、いよいよ小沢一郎の出番です。

ごらんください。いまやこの国は、突如襲った二〇一一年三月十一日の東日本大震災の復興問題やデフレ不況など多くの問題をかかえ、政治も経済も閉塞状態に陥っているではありませんか。それにもかかわらず与党も野党も相変わらずばかな政争に明け暮れている。

そのような場合じゃないのです。国民のこと、日本の将来のことを真剣に考えればどれもこれも待ったなし。それだけに安心してこの国の舵取りがまかせられる、頼もしいリーダーが必要なのです。そのためにも今度こそ、小沢一郎には「国民の生活が第一」の政治実現に剛腕を大いに発揮していただきたいものです。このような時のために剛腕はあるのですから。もちろん私も、そして茨城一新会も一丸となって小沢一郎内閣実現を目指していっそう発奮し、縁の下の力持ちになること、お誓い致します。

東京地裁の無罪判決から二週間ほど経ちました五月九日、指定弁護人たちは判決を不服として東京高裁に控訴しましたわね。無謀といいましょうか、まったく無茶苦茶なお話で理解に苦しみます。指定弁護人がこうまで躍起になるのは背後に、小沢一郎の復権をなんとしてでも阻止したい政界、官界、司法界の連中のたくらみがある、といった論評もなされてますが、まったくその通りでございます。でも、それでもよろしい。打たれ強いのも小沢一郎。小沢一郎はかならず復活してみせます。なんてったって筋を通す小沢一郎ですからね。

〝女帝〟の私がこのように断言するのですから、ウソやハッタリは申しません。

じじつ指定弁護人が行なった控訴審判決が十一月十二日、東京高裁で言い渡されましたが、そこでも小川正持裁判長は明快に、「一審で審理は尽くされた。一審判決は正当」——として、小沢一郎が無罪であることも証明いたしました。

そして選挙の敗北も同じこと。小沢一郎は必ず復活します。

※本書に登場するかたがたの肩書は、その当時のものです。

目次

さあ、どうする小沢一郎

第1章

茨城一新会女性会長登場

（1）パワフルおばさん軍団結集する

❖——まっつぐな政治家小沢一郎

会うひとごとに、私、こう熱心に説明してまわったのです。

「小沢一郎が茨城県に来るわよ。だからぜひ来てくださいね」

「牛久市にまで来てくれるっていうのよ、わざわざ。お待ちしてますね」

これを機会にひとりでも多く参加してほしい。とくに女性には小沢一郎と間近に接し、小沢の人となりをよく理解していただきたい、そう思ったんです。

ともすればどこか胡散くさい、カネと権力の亡者のような、どこかダーティな政治家、というのがおおかたの女性が抱く小沢一郎のイメージです。けれどじかに会ってみれば、それがいかに誤解であり、メディアなどでいわれていることと実際では大違いということがおわかりいただけるはず。そのように思うから説明にもついついテンションが上がってしまいました。

小沢一郎は口ではない、まず決断と実行。愚直で、まっつぐな政治家なんです。ですからパフォーマンスも苦手なら受けをねらった言葉もいえない。これって、もって生まれた彼の気質なんでしょうけど。でもこれがマイナスイメージとなって評価を落としてしまう。とくに近ごろは景気のよいことをポンポン言っては迎合する、ある種のポピュリズムのような劇場型の政治家が目立ち、そしてそれが政治家だと思われてもいるだけにね。

でもね、本当はそうではないのです。幻惑されてはいけません。このように思いますからなおさら説明にも熱が入ってしまうのです。それなのに、「へぇ、そうなの」、怪訝な目つきでこちらの顔をのぞき、返ってくるのはこのようなナマ返事ばかり。でもまだこれなどはましなほうでした。

私はさまざまなツテをたよってシニアサークルやカルチャー教室に行ってはＰＲ活動をしましたが、あるカラオケファンのグループにお邪魔させていただいた時でした。

「政治がどうの社会がどうのって、どうでもいいのよ。どうせさきは短いのだし、いまが楽しけりゃそれでけっこうよ」

「どうこう言ったって、いまさら世の中変わるもんじゃないし……こうして歌ってる時がいちばんしあわせよ」

　精一杯、いまを楽しくエンジョイする。おっしゃる通りです。たかがいなかのオバさんがしゃかりきになったところで世の中どうなるものでもありませんしね。ですからこういわれると、シュンとなっちゃいます。

　ゲートボールやパーゴルフの練習があると聞けば出掛け、そこでも同じ説明をさせていただきました。体育会系はオジさまがたが多いせいか反応もかなり露骨です。

「ちくだっぺー（うそだろ）。信じられねーな。あの小沢が来るなんちゃ……」

「小沢が牛久市に来るぅー？　ほんとげぇー。冗談だっぺ」

「あんた、小沢となした関係なんでぇー」

　茨城弁まる出しで、あからさまに否定するひと、疑ってかかるひと、いろいろありました。もっとも面識はなくても、小沢一郎といえば政界の大物であるぐらいはどなたもご存じ。そのような政治家が田舎町にやってくること自体、信じがたいのに、ましてそれを、いくぶんメタボ気味のこのオバさんがいともたやすく言うのですから、まともに受け取ってもらえないのは、ま、当然だったかも知れませんわね。

畑会長の花束贈呈に上機嫌な小沢一郎のこの破顔

もちろんこころは腐りましたわ。でもね、切り換えが早いのも私の性格。それなら論より証拠。目にモノをきっちりとお見せしようじゃないか。実際に小沢一郎を牛久市にお呼びすれば誰も疑う余地がないですからね。

この時の発奮があったからこそです。沿道には黒山の人だかりができ、おそらく牛久市始まって以来といってよい、茨城県警差し回しのパトカー二台に先導された小沢一郎を牛久市にお迎えすることができましたのは。

❖――私と小沢一郎

たぶんここで皆さんは、疑問に思われるに違いありません。市井に暮らす私のようなおんながどうして小沢一郎を茨城県牛久市に招くことができたのか、と。

じつは、小沢一郎を招聘できたのは、元気二重まるのおばさん軍団の後押しがあったればこそだったんです。私と小沢一郎とは、彼がまだ自民党議員だったころからのお付き合いですから、かれこれ二十数年になります。そのため秘書に電話一本入れれば彼の個人事務所にも、衆議院議員会館の事務所にも、出入りできる間柄です。

ご承知のように、小沢一郎は故田中角栄元首相の秘蔵っ子といわれながら一九九三年六月に自民党を離党し、羽田孜派と連携して新生党を結成しました。これを皮切りに新進党、自由党などを立ち上げ、二〇〇三年九月、またまた自由党を解党して民主党と合併致しました。この間性懲りもなく、私もずっと小沢一郎の後をついてまわりました。小沢が自民党議員であれば私も自民党員となり、民主党議員であれば私も民主党員というように。新党を次々と立ち上げてはすぐまた壊すことから、メディアには〝壊し屋〟などとこてんぱんに叩かれ、悪口をつかれてもね。

なにゆえそうまでして小沢一郎に入り揚げるのか。いぶかしくお思いでしょう。この点については後ほど詳しく触れることとして、牛久市にお招きするころの小沢一郎は民主党代表。まさに超多忙のひとでした。けれどそのようなお忙しい小沢一郎でありながら、なんとしてもわが郷土にお呼びしたい。そして小沢一郎という政治家の実像に直接触れていただきたい。メディアが伝えるような〝悪党〟でないことを自分の目、耳、肌でしっかり確かめていただきたい――。このような願望が私の胸の中にずっとあったのです。

けれどお呼びするからにはそれなりのおもてなしをしなければ大変失礼。おもてなしとは沢山の人に参加していただき、小沢一郎を盛大に歓迎するということです。とは申しましても人さまを集めるほど大変なことはありません。しかも小沢招聘に加えてもうひとつ、これを契機に茨城一新会を結成したいという、欲張った考えも私にはございましたから、なおさらうつうつした日がつづきました。

でもひとりで思い悩むのはストレスがたまり健康によろしくない。第一、私の性分にあいません。思い立ったらただちに実行。これが私の性格。そこで私は思い切って胸の内を打ち明けたのです、よく食事にまいりますある中華レストランのオーナーと電気工事会社の社長に。否定されたならそれはそれでよしというダメモトのつもりでね。ところが実際はちがったんですね。「そりゃー面白い。やろやろ」っというような調子で膝を乗り出し、お二人ともじつに興味津々。

「そんな思いがあるんだったら徹底してやればいい。およばずながらオレたちも応援するからさ」

オーナーも根っからの小沢シンパ。ですから打ち明けもし、相談もしたわけですけどもね。一方社長も同じように私の背中を押してくださいましたわね。

「あんたは独身。わずらわしいしがらみなんてないんだから、やっちまえば……人をあつめるのが大変ならば、オレもそっちこっち声をかけるから、やっちまいなよ」

殿方たちのやさしい励ましに元気をもらったことで胸のモヤモヤ感もようやく晴れ、勇気がわいてまいりました。さいわい殿方の口利きもあって、女性たちの応援が得られることも確約されました。

❖——おばさん軍団結集

こうなってはますます躊躇などしていられない。もはや突っ走るしかありません。自分で自分にこうハッパをかけたんです。一度思い込んだらトコトンやり抜き、けっしてブレたり致しません。おんなの強さはここにある。

ひとりでさえこうなのに、このような女性が六人も結束したとしたらどうなりますか。想像してみてください。

平均年齢六十歳。花のさかりは過ぎたとはいえそのぶん世間の酸いも甘いも、表も裏も知り尽くし、そのうえフットワークの軽さとノリのよさ。おまけに自他共に認める口達者。人生二度咲き三度咲きといったパワフルおばさん軍団が揃い踏み。怖いものなしとはまさにこのことです。しかも小沢一郎にかけては一家言も二家言ももっており、いずれ劣らぬ小沢シンパ。

「小沢が総理大臣にならないうちは死んでなるもんですか」

「国民の生活が第一。私が待ってたのはこんな政治よ。小沢一郎こそ高齢者の味方だわ」「剛腕どころか情けの厚いひとなのに、小沢の顔を見りゃ剛腕だ、剛腕だ、とけなしまくってる。だったらいっそのことひらき直って剛腕を発揮してよって小沢にいってやりたいわ」

小沢一郎擁護、この一点で結束する、小沢ガールズならぬ小沢グランドマザーが一堂に会したのですから、これでパワーアップしない道理がないじゃありませんか。

小沢一郎を牛久市にお呼びしたい。私のこの案に六人の女性たちも、もろ手を挙げて大賛成。さっそくつくば市内のわが家に結集。二〇〇九年一月のことでした。

わが家は二〇〇五年に新築しましたので、南東に面した部屋は思い切って二十畳間ほどのリビングルームに充て、部屋の真ん中に六人がけのテーブル二セットを置きました。おばさん軍団はこのテーブルを囲みまして夜ごと日ごとミーティングをかさね、会場の設定やら案内状の文案、小沢一郎との折衝、地元議員、市長、市議、そのほか次なる選挙に出馬予定の民主党候補者、地元の企業や業界団体、さらには市民団体や女性グループなどなどあらゆる方面に呼びかけることを申し合わせ、それぞれ役割分担が決まると一斉に街のなかに飛び出して行きました。

私の役回りは何かと申しますと、小沢一郎や地元議員、あるいは出馬予定の候補者など、もっぱら当日壇上に立っていただく相手との交渉でした。どの議員さんたちもとにかくお忙しい。その忙しいなかで時間をさいて出席していただくのですから日程調整にひと苦労。こちらも眉間にシワを寄せ、システム手帳とにらめっこするなど、汗だくでしたわね。

とりわけ小沢一郎との調整には神経を払いましたわ。なにぶん当時の小沢一郎は民主党代表でしたから。二〇〇六年四月、民主党代表選挙に名乗りを上げた菅直人と小沢一郎は投票の結果、七十二票の菅に対して小沢は百十七票を獲得。大差をつけて第六代民主党代表に就任してちょうど一年目という時でした。

この代表選に先立って行なわれました衆参両院議員総会での小沢一郎の演説。あれはいまでも印象深く、私の記憶につよく残っております。

「変わらずに生きのこるためには変わらなければなりません。それにはまず、私が変わらなければなりません」

これは後になってわかったことですが、この言葉は、時代の波に取り残されて没落してゆくイタリア貴族の悲哀を描いたヴィスコンティ監督の『山猫』という映画のなかで、アラン・ドロンが語ったせりふを引用したものでしたが、小沢のこのスピーチを聞いて、彼に対する印象が変わったという人もいたのではないでしょうか。

小沢といえばこわもて、仏頂面で無愛想、おまけに口べた。これが大かたの国民が抱く小沢像ではないかしら。これを払拭し、イメージチェンジした、新しい小沢をお見せしますと国民に約束した、非常にユニークなスピーチでした、議員総会でのあれは。

これを聞いて思わず私も「うーん、変わったわね。丸くなったわね、小沢さん」と、正直、見直したものでした。

民主党の代表であると同時に百数十名の小沢派議員を率いるリーダーであり、小沢政治塾の塾長であり。このようにいくつもの役職を兼務しておられる。そこへもってきて四月には統一地方選挙、七月には参議院議員選挙が控えております。

小沢一郎が民主党代表になって初めて臨む大型選挙でしたから、代表としての力量が試されるのはもちろんのこと。しかもそれだけでなく、自民党から民主党に政権交替が現実のものになるかどうかその試金石ともなる大事な選挙でもあります。それだけに是が非でも勝たなければなりません。そのような矢先でしたから、まさに小沢は八面六臂の、超多忙な時でした。

❖──四月三日開催決定

そのためスケジュールのすり合わせ、送迎の手配、当日のスピーチ。あれやこれやこみいったやり取りはその都度私が赤坂に構えております小沢一郎の個人事務所まで出向いて秘書の馬場慶次郎さんと詰め、確認を取り合いながらすすめたのでございます。二〇〇七年四月三日開催と決定しましたのも、したがって小沢一郎の時間がさけるのはこの日以外にない、ということからでした。

開催日程が正式に決まり、会場も、私が最初に相談を持ちかけました前出のオーナーが経営する中華レストランの大広間を使用することで話がつきました。当日お出でいただく地元の関係者との打ち合わせもあらかたすませ、ひとまずホッとしたところでございます。

もちろん、だからといってまだまだ安心はしていられません。問題は、一般のかたがどれだけお出でくださるかです。お出掛けくださったかたたちの数字が小沢一郎や民主党の今後を占うひとつのバロメーターになるからです。私もひとが集まる場で積極的に声をかけてまわりました。でもねぇ、まともに受け取るひとばかりではありませんでした。いかにも怪訝な目でこちらを見つめ、不審感をあからさまにするひともいましたからね。冒頭の、「チクだっぺ……」という言葉がそうでした。

おばさん軍団から私の携帯電話にかかってくる報告もあまりかんばしくなく、いずれも苦戦を強いられている様子でしたわね。

まぁ、それはやむを得ないこと。小沢一郎民主党代表を牛久市にお呼びするなど前例がなく、すべて手探り状態のなかで開催しようというのですから順調にいくほうがむしろ不思議です。なので、出足のにぶさぐらいで不安になることもありません。選挙と同じで人集めも、いつ、どこで、どうドンデン返しが起こるかわかりませんものね。

ともあれ日程も決まり、開催場所も確保致しました。六人のおばさん軍団は四月三日の開催を盛大に迎えるため人集めに目下奮戦中。民主党から出馬予定の小泉俊明氏も協力してくださるとのこと。私も上京する機会が多くなりました。

日程や場所だけなら電話やEメールだけで十分用件が足ります。それなのになぜわざわざ常磐高速を吹っ飛ばして小沢事務所まで出掛けるのかといいますと、じつは私には、小沢一郎をお呼びすることに加えてもうひとつ、小沢の講演会を機会に茨城一新会を設立するという計画があったのです。上京の目的はそのためのものでした。茨城一新会の設立に関するアドバイスを馬場秘書にお願いする必要がありましたからね。

小沢一郎の講演会を盛大にむかえ、その勢いで茨城一新会を設立——。このような期待感で胸がたかぶること、しばしばでございました。

(2) 初めてづくしの前例なき茨城一新会

❖――小沢一郎まっしぐら

茨城県にも一新会をつくろう!

つくりたい!

小沢一郎の政治活動をいっそう強くささえるために、なんとしてでも……。

このような思いを私はずっと持ちつづけておりました。一新会は小沢一郎だけを支持し、ささえる人たちで構成された政治団体なんです。したがって一新会を設立すれば力強い支持勢力がもうひとつ誕生することになり、彼の国会活動が有利に展開できること、請け合いなんですね。ところが茨城県にはこれがない。だからわたしにはたまらなく歯痒《はがゆ》かったのです。

とはいっても一人ではとてもつくれっこない。設立するためにはいくつかの条件があるんですよね。条件とは、まずひとつは、さきに述べたように、小沢一郎を応援し、支持をおこたらない、これですね。そして二つめは、自分たちの選挙区から当選した衆議院議員がいることなんです。けれど茨城県の場合、くやしいことにどちらの条件も満たしてないのが実状でした。小沢一郎を強力にバックアップするというひとつめの条件は十分備えているつもりです。なんといったって二十数年小沢一郎まっしぐら。はばかりながら小沢支持ならほかに引けをとらない、と自負しております。ただし、それは私ひとりだけ。これではねぇ。おはなしになりません。

二つめの条件はますますきびしいものでした。私が居住するつくば市の選挙区は茨城六区。茨城県は保守王国といわれるだけに六区も自民党の独壇場。残念なことに民主党の衆議院議員はおらず、空白地帯だったのです。

❖――一新会の由来

一新会というネーミングは、自由党時代にかかげた「日本一新」というスローガンに由来する、と私はきいております。

自由党は、一新会発足の九カ月ほどまえに民主党と合併して解党いたしました。けれど「日本

「一新」は小沢一郎の精神であり、政治哲学です。そのため一新会は小沢の精神を継承するために創設されたものでもあるのです。一新会は、小沢を支持する衆議院議員で構成しております。ところが先に述べましたように茨城六区には民主党の代議士がおらず、ゼロ地帯なのですね。けれどそれでもなお茨城六区に茨城一新会をつくりたい。このやみがたい思いを最初に告白したのも、小沢一郎を牛久市にお招きすることを打ち明けたときと同じく中華レストランのオーナーであり、電気工事会社の社長でした。

「茨城県にも一新会をつくりたいわぁ。でも、六区にゃ小沢派の議員がいないからダメなのよねぇー。なんとかならないかしら」

とはいってもただちに妙案が浮かぶ道理がありません。当選議員がいない選挙区に一新会をつくるなど前例がないのですから、私の要求自体がそもそもないものねだりというもの。それを承知でなおかつつくりたい。でもいいんです。私は私を完全に許しちゃいます。小沢一郎のためならば。さいわい馬場秘書もこころよく同意してくださいました。

お二人のほか、例によっておばさん軍団にも話を振ってみました。そこはおばさん軍団。男たちとはちがってさすがにノリがよろしい。全員そろって、もちろん快諾。

「絶対につくるべきよ、どこにも負けない一新会を。あなたに声をかけられなかったらこのままひっそりと、ひとりで応援するただの有権者だったかも……。私みたいに誘いを待ってるひとって、ほかにもかならずいるはずよ」

「つくりましょ、畑さん。私たち、か弱き女性の声なき声を国会にぶつけるためにも一新会をつくって、きっつーいお灸をすえてやらなけりゃだめよ、政治屋どもに」

おばさん軍団の熱いパワーにあおられ、私もホンキで腹をくくりました。茨城県にも、いまこそ一新会をつくるべし、と。

いまこそ、といいましたのは、わずかではあれ、けれどそのぶん着実に民主党支持の高まりを実感していたからでございます。

自由・民主両党の合併を機に、「ひょっとすると政権交代が実現するんじゃないか」「自民党よりまともな政治をやってくれるんじゃないか」。民主党に対する人々の、このような期待の声がジワジワと高まっているのを、片田舎に住む私でさえ感じておりました。

じじつ、合併直後の二月の総選挙では一七七人が当選し、合併前より一挙に四十人も増加し、各地に民主党旋風を巻き起こしましたからね。さらに二〇〇七年四月八日の統一地方選挙でも民主党は大躍進致しました。この地方選挙では達増拓也氏が岩手県知事に当選するなど、のちに小沢チルドレンなどといわれる地方議員がぞくぞくと当選なさって、二三〇人ぐらいだったものが三七〇人にも増えたっていうではありませんか。

さらに七月二十九日の参議院選挙でも民主党はハジけ、六十人の当選者を獲得して野党第一党に躍り出るという躍進ぶりでした。

もっともこれらは、私たちが小沢一郎を牛久市にお招きしたあとのことでしたから、私たちが開催準備に奔走していたころは結果などもちろんわかりませんでしたが。

とは申せ、民主党に寄せる有権者の反応はおおむね好意的であることは人集めに駆け回るなかで実感しておりましたから、この勢いを一過性のブームにおわらせてはいけない。本物で、着実なものにしてこそ悲願の政権交代も達成する。それができるのも今をおいてない、というこの思いが「いまこそ」という言葉を私に使わせたのです。

❖——馬場秘書の武勇伝

開催日程だけなら電話で用件が足ります。それなのになぜわざわざ高速を走ってまでして赤坂の事務所に出掛けたかといいますと、一新会の設立について馬場慶一郎秘書にアドバイスを受ける必要があったからなんですね。

さきにも言いましたが、衆議院議員のいない選挙区で一新会をつくるなど前例のない、いわば掟破りというものです。そのため実現すればまったく初めてのケース。それだけに無理を承知しながら一縷ののぞみをかけて小沢一郎の議員事務所を訪問したのでした。

当時小沢一郎は連続当選十三回。第一衆議院議員会館のほかに赤坂にも事務所がありました。ただし赤坂のほうは個人事務所でしたから議員会館よりずっとスペースもあり、３ＬＤＫほどあるのではないかしら。その部屋の一部、そうねぇ、二十畳間ぐらいでしょうか、応接室に使っておりましたわね。もちろん事前に訪問の趣旨は伝えてますので、事務所には馬場秘書が待機しておりました。

じつは彼にはこのような武勇伝があるんですよ。それは二〇一二年六月のことになります。小沢の秘書をおやめになって実家の大阪にもどられ次なる総選挙に立候補するための準備をしておりましたが、姫路市の友人と居酒屋で飲食をしましたところ終電車に乗り遅れ、駅のホームのベンチで眠ってしまったそうなんです。そこに警察官がやってきて彼を起こし、交番に連行してあれこれ尋問したと言うんですね。しかしいささか酔っていましたからたまりません。なんのはずみか彼は、交番の机などを足蹴りにするという狼藉をはたらいたっていうじゃありませんか。

このことは新聞にもベタ記事で載っておりました。ですから私は不審に思って彼に電話をかけ、事の経緯を知ったわけなんです。この程度の不祥事などめずらしくもない、よくある話です。それをマスコミが取り上げる。これも、良くも悪くも彼が小沢一郎の元秘書だったからにちがいありません。

イケメンの、心やさいし馬場秘書。まぁ、お若い時にはよくあること。それぐらいの勢いがあるほうがむしろ頼もしいいんじゃないかしら。

❖——茨城一新会は政治団体

型通りの、簡単な挨拶をかわしたあとすぐに本来の用件に入りました。ここでふたたび私は申し上げたのです。一新会設立は、茨城県に在住する小沢一郎支持者全員の総意である。したがって、設立には衆議院議員がいることが条件なのは承知しつつも、そこを敢えてご理解いただき、私たちの希望をなにとぞかなえていただきたい、と。

この要望はすでに馬場秘書にお伝え申し上げておりましたので、当然彼から小沢本人にも報告されているはず。でなければ馬場秘書の一存で私を事務所に招くなどあり得ませんからね。本題に入るとすぐに馬場秘書から口頭で、設立の了承が告げられました。

「ぜひ、おつくりください。一新会を」

ソフティーなイントネーションは関西特有のものですが、それがこのときほど心地よく耳にひびいた時もありませんでした。

「ご理解いただき、ありがとうございます。精一杯、小沢代表を応援させていただきますので、今後ともご指導をお願い致します」

「これまでまったくありませんでしたからねぇ、茨城県には。畑さんがおつくりになれば初めての一新会ということになりますね」「光栄なことと思っております」

一新会は小沢一郎を支持するグループであり、それを私たちは作りたいといっているのですから拒否される理由はもとよりない。とはいえ馬場秘書から正式に、設立に理解を示してくださる言質を頂戴したことで設立問題は解決し、ひとまずホッと致しました。

ただし設立となれば一新会は政治団体ですので、茨城県選挙管理委員会に承認の申請手続きをしなければなりません。そこでまたもや、やわらかい言葉で馬場秘書から申請書の出し方や書式などこまごました助言を受け、ふたたび常磐高速を筑波山方面に向けて走りました。二月下旬のことでしたわね。

❖——初めてづくしの茨城一新会

数日後、お二人の殿方やおばさん軍団、そのほか数名のかたにお集まりいただき、例によって自宅のリビングルームで、馬場秘書との面会で設立のための承諾を得たとの報告と、一新会設立を兼ねたミーティングを開きました。小沢一郎の理解を得られたことに皆さんも安堵した表情でした。

議題は、会の名称を何とするか。理事や会の代表をどなたにするか。会の設立目的をどのようにするか。これらを討議し、議決することでした。けれどこれらの議題については電話などであらかじめ確認がとれていたこともあり、比較的淡々と進行し、決議もなされました。

決議内容の詳細については個人情報の保護に抵触する懸念もありますので差し控えさせていただきます。そのためこの場で公表できますのは、名称は『茨城一新会』、茨城一新会の会長は私こと畑静枝が就任。茨城一新会の事務局は畑静枝会長宅――これらが決定した、ということだけに留めさせていただきます。

多少なりとも一新会をご存じであれば、女性が会長に就くなどいまだかつてなかった、前代未聞なこともご存じのことと思います。それだけになぜ、茨城一新会にかぎって女性の私が会長に就いたのか、いぶかしくお思いにちがいありません。

私が会長に選出されたのはこのようなことからでした。小沢ファンは少なくないものの、茨城一新会に限定して申し上げれば、小沢一郎がまだ自民党議員だった時代からずっと支持し、応援してまいったのは私だけであったこと、小沢一郎を牛久市にお招きし、一新会を設立するとの口火を切ったのも私であったこと——これらが会長就任のご指名をいただいた理由でございました。

これらの決議を受け、申請書に必要事項を書き込みまして茨城県選挙管理委員会に提出し、受理されました。二〇〇七年三月のことでございます。かくして茨城一新会は正式に発足致しました。

ところがこの茨城一新会ときたら、とんでもないほど初めてづくしの会なんですわね。なにがって？

それはまず、茨城県内に茨城一新会が誕生するのが最初ならば、衆議院議員のいない選挙区に設立するのもはじめてのこと。さらに、議員主体の一新会から一般の市民主体の一新会に変えたこと、大体は男性議員が会長に就くなかで唯一、女性が会長に就任したのも前例のないことだからでございます。それだけに数ある一新会のなかでも茨城一新会は特異な存在感を示し、注目度も、ひときわ高まりましたわね。

茨城一新会はこのようにあらゆる面で初めてづくし。一新会のイメージをあっさり塗り替えてしまいました。このようなことが可能なのも、茨城一新会はおばさん軍団のパワーがひとしお強く、そしてなによりも、「わたしの一新会」――この思いが彼女ひとりひとりに浸透していたからにほかなりません。

茨城の地に待望の一新会が産声を上げました。これからこの子をすこやかに、そしてたくましく育てていかなければなりません。それにはまず生まれたわが子のお披露目をしてあげ、たくさんのかたから祝福を受け、人生の門出を祝ってあげる必要がありますわね。そこでまたまたおばさん軍団の出番です。まえにも増して軍団パワー炸裂です。開催日の四月三日は差し迫っております。頭を突き合わせ、あれこれ脳しょうをしぼり、『茨城一新会設立記念式典のご案内――小沢一郎先生をお迎えして』と題するチラシもようやく刷り上がりました。

「拝啓、早春の候、皆様にはおかわりなくお過ごしのことと存じます。この度、皆様のご協力により、**小沢一郎**先生を支援する茨城一新会を立ち上げることができました。感謝をし、厚く御礼申し上げます。無能な政権与党にしがみつき、国民はおいてきぼりで悲しくなります。現在の日本を思うとき、長年の政治生活から経験、手腕、この困窮した世の中を変え、新しい時代を切り拓くことができるのは**小沢一郎**先生しかおりません。今回、大変お忙しいスケジュールのなかを**小沢一郎**先生にご臨席を賜り、茨城一新会設立記念式典を開催する運びとなりました。有意義なひとときをお過ごしくださいますよう、ご案内申し上げます。敬具」
〝小沢一郎〟の部分だけは強調してゴシックにしておきました。これなら、なんのチラシかすぐにわかりますものね。

でも、それにしても政治関係の案内状って思う以上に骨がおれるものですわね。かつて二十代のころ、ある地方新聞社の東京支社に勤務しておりましたから文章を書くのはさほど苦痛ではありませんが、レポートをまとめるのとは勝手がちがい、相手政党をけなしすぎず、褒めすぎず、このサジ加減がむずかしくなかなか神経を使うもの、ということがよくわかりました。

私はチラシを抱え、人集めに全力疾走。

牛久警察署には開催当日の交通整理をお願いしておきました。これは開催後にわかったことですけど、じつは開催に先立って茨城県警の公安が中華レストランをおとずれ、式場となる大広間をはじめ周囲の植え込み、道路につながる出入り口、各部屋のドアや窓など入念にチェックしていったと、オーナーから聞きました。

❖――庶民感覚を忘れない小沢一郎

当時、小沢一郎は民主党代表でした。テロ事件などあっては一大事。警戒を厳重にしてしすぎはありませんものね。

四月三日の当日、小沢一郎は電車で向かうとの連絡を馬場秘書から事前に受けておりました。このあたりにも小沢らしさが現われていると、私などは思うのでございます。だってそうじゃございません。政党を率いるトップともなればてっきり黒塗りの公用車を連ねてやってくるものと思うじゃありませんか。ましてJR常磐線の牛久駅は各駅停車しか停まらない、典型的なローカル駅なのですから。ところがそうでなく、電車で来るというのです。これでまた小沢一郎を見直してしまいましたわね、「さすがだわー」って。

小沢一郎を指して傲慢だとか不遜だとか、メディアは書き立て、大方の国民もそのような目で見ています。けれどじっさいは大違いなんですよね。たとえ代表だの幹事長だと肩書をつけていても庶民感覚を忘れない、小沢ほど気配りの人、ほかにおりません。

午前十一時ごろ牛久駅に到着予定との連絡でしたからレストラン差し回しのマイクロバスに私も同乗して駅まで迎えにまいりました。この時にはすでに茨城県警から派遣されましたパトカーが二台、牛久駅前に待機中でした。

グリーン車に乗った小沢一郎が牛久駅に到着しました。何人かの供連れがいるものと思っておりましたら、これまたよいほうで私の期待をみごとに裏切ってくれましたので、これにも嬉しくなってしまいました。小沢一郎についてきましたのは秘書ひとりと民主党から出馬予定の三輪信昭氏、そして三人のＳＰだけだったのです。

改札口付近でお待ちしておりました。私のすがたが目立ったのかしら、わたしをすぐに見つけたらしく、紺色スーツ姿の小沢一郎は「おおっ」とかるく挨拶をして、改札口を出てきました。

❖——派手めの帽子と靴が趣味

じっさいこの日の衣装にはずいぶんと迷いましたわね。私の趣味は靴と帽子でしたから、これについやす金銭は惜しみません。ご贔屓にしております赤坂のブティックでオーダーし、もっとも高いものですと一個六万円という帽子もございます。そのため正直なところ、ケースに入ったまま一度も着用してない帽子もなくはありません。

衣装もそうでした。自宅の一室を衣装と帽子のクローゼットに当ててますが、袖を通したためしもない衣装もけっこうありますわ。数えたこともないですけど、なんやかんやで三百着、いやもっとあるかもしれません。ないのも困りますけど、ありすぎるのはもっと困りますわね。

帽子は、すこし派手めかな、と思いましたが、深いワインカラーのツバ広のに決めました。問題はこれに合わせた衣装です。何度もクローゼットを開けたり閉めたり。迷いに迷って最後はほとんどえいっやぁー、これで決めちゃいました。薄紫色のパンツスーツに。

もちろん私だって、うら若きレディェ時代にはミニスカートもよく似合うくっきりくびれもございました。ところが年齢の重なりに比例して横幅もたっぷりすこやかに増えてくれまして、そのころの衣装などとてもとても、なんでございます、いまでは。

小沢一郎をマイクロバスにご案内し、県警のパトカーに先導されて牛久駅前から国道六号線をゆっくりと進み、式典会場へと向かったのでした。

二台のパトカーに守られたマイクロバスが牛久市の中心街を通るなどほとんど例がないことです。そのせいか、沿道のひとびとは驚きの表情でこちらを見ていましたわね。ただし民主党代表の小沢一郎が車内にいることまでお気づきになったかどうか、そこまでは私にもわかりません。

レストランのエントランスにマイクロバスが横付けされ、小沢一郎が車内から降りると地元マスコミのフラッシュが一斉に放たれ、出迎えに立った支援者のあいだからは期せずして歓声と拍手が上がり、早くも記念式典の盛り上がりを体感させてくれました。

チラシには式典開始午前十一時三十分と伝えてあります。なのに早くも一時間もまえから受付は長蛇の列というではありませんか。ドレスアップした紳士淑女の皆さまが歓談をかわし、蒸せるほどの熱気が、出迎えに立つこちらにも伝わってまいります。とりわけ六人のおばさん軍団のテンションの高さといったらもう青天井。まるで数十年前のギャルにおもどりになったようなはしゃぎっぷり。

「来た来た。小沢よ小沢。小沢が来たのよ」「えぇー、ほんとぅー。うっそー」「うそなんかじゃないわよ。ほら、歩いてくるじゃない、向こうから」「わぁーほんとぅー。すっごーい」

いずれ劣らぬ小沢の熱烈なファン。とはいいましても小沢一郎を間近に見るのは初めてというひとばかり。そのため私たちが控える部屋には小沢一郎のためにおばさん軍団が用意したプレゼントの品々が山のようになっておりました。

マイクロバスから降りるなり歓声のうずと握手攻めでもみくちゃ。熱烈な歓迎ぶりに小沢一郎も満面の笑顔で応え、会場の大広間までわずか十数メートルにもかかわらずなかなかたどりつけないありさまでございました。

壇上には『茨城一新会設立記念式典――小沢一郎先生をお迎えして』としたためた、墨痕あざやかな横断幕が掲げられております。いよいよオープニングというころには場内は立錐の余地もないほど埋まり、やむなく一部の参加者は通路から小沢のスピーチを聞かざるを得なかったという、うれしいハプニングさえございました。

これほど沢山の人たちがお出でくださるなんてまったく予想外でしたわ。あらゆるツテをたよってチラシもばら撒きました。でもまあせいぜい二〇〇人。これだけ来てくだされば御の字、というのが率直なところでした。ところがいざ蓋を開けてみると、なんと三〇〇人というじゃありませんか。

❖――茨城県にも隠れ小沢ファン

「それでは、本日ただいま発足したばかりの茨城一新会畑静枝会長よりご挨拶を賜りたいと思いますので、みなさま盛大な拍手でお迎えください」

司会者のやわらかな声に促され、トップを切りましてまずは私が壇上に立ちました。

人あつめには苦心しながらも三〇〇名もの人たちにご参加いただき、そしてその人たちとともに小沢一郎民主党代表を牛久市に招聘できたことの達成感でほとんど胸がいっぱいでしたから、はたして満足なスピーチができたかどうか覚えてないのですが、このような挨拶を十数分ほど話したかとおもいます。

「今日は、あらためて言葉はいりません。ここにお集まりくださいましたおひとりおひとりの力こそ、小沢一郎先生をささえる原動力であり、エネルギーでございます。このエネルギーとパワーを、来るべき七月の参議院選挙にぶつけようではありませんか。小沢先生のためにこれほどたくさんのかたがたがお集まりくださった、これだけでもじつに素晴らしいこと。茨城県にも、隠れファンがこんなにもいらっしゃったことがわかっただけでも本日の記念式典を開催しました意義があったのではないか、そのように思いますし……、もうこれ以上私が申し上げることはございません」

胸に大輪の花かざりをつけられ、一段高い壇上からスピーチを行なうなどまったく慣れておりませんから、やや声もうわずっていたかもしれません。それでも私の右側に控えておりました小沢一郎は終始にこやかな表情で耳をかたむけておりました。

その小沢一郎が万雷の拍手に迎えられて壇上に立ち、本日のメインテーマである『生活維新』について五十分ほど講演をいたしました。講演をおおまかに要約いたしますと、このようになりましょうか。

「戦後半世紀がすぎ、日本の政治はいたるところでほころびが生じ、矛盾がでてまいりました。そのため国民の不安は増すばかりです。それにもかかわらず自民党政治は国民生活をないがしろにして責任をとろうとはしない。政権の大転換をはからないかぎり日本は行き着くところまで行き着き、このままでは破綻に追い込まれます」

茨城一新会設立記念式典で講演する小沢一郎民主党代表

「いまや日本は国内のほか国際的にもきわめて不安定な状態にあります。米国一辺倒の現状をあらため、自分たちの責任で決断し、行動する日本の政治を目指さなければならない時にきているのではないでしょうか。それにはまず政権を替え、我が国の政治の在り方を根本から転換し、次の世代に引き継いでいかなければなりません。そのためにもぜひとも皆様のお力を私どもにお貸しください」

時折会場から「そうだそうだっ」と相槌を打つ声がとぶなど、熱気につつまれた雰囲気のなかで小沢一郎の熱のこもった講演がとどこおりなく終了いたしました。そして乾杯の音頭のあと、いよいよ懇親パーティへと式次第は進行してまいります。

軽やかなピアノ演奏のＢＧＭがながれるなか、講演での緊張感から解放されて会場にはなごやかな雰囲気がただよい、みなさまがたそれぞれが杯をかたむけておられます。

一方、壇上から降りて指定のテーブルに着席しておりました小沢一郎の周囲はたちまち黒山の人だかりとなり、小沢と並んでVサインでツーショット。すべての人に応えようとするのだから小沢代表も大変。六人のおばさん軍団もそのなかにまじって大はしゃぎ。控室においてありましたプレゼントの品々を小沢の手に渡しては握手やら写真のおねだり。嬉しさ満面でしたわね。

もちろん私も撮りましたわ。壇上の小沢一郎に大ぶりの花束を贈呈する場面やらツーショット

茨城一新会設立記念式典で謝辞を述べる畑静枝会長

やらね。このときの写真は後日大きく伸ばして額に入れ、わが家のリビングルームの壁に掛けました。これで何枚目になるかしら、小沢一郎と撮ったツーショットの写真を壁に飾り付けるのは。一枚、二枚……うーん、けっこうありますわね、数えてみると。

懇親パーティもそこそこに、小沢一郎はふたたび東京にもどりました。夕刻にはまた次のパーティが予定されているとのことでした。民主党代表ともなれば掛け持ちもざら。まして七月には参議院選挙が控えており、陣頭指揮を執らなければなりません。参議院選挙に勝利し、政権交代のステップとしたい。これが小沢一郎が描く当面の戦略でございますからね。

帰りも、私は牛久駅までお送りするつもりでおりました。ところが逆にこう、小沢にたしなめられてしまったのでございます。

「送らなくてもいい。会長がいなくなったら、あの人たちはどうするんだ」

つまり、たくさんの人たちをお招きした私がたとえ一時でも抜けることで、せっかく盛り上がっている雰囲気が一気にしぼみ、シラけたものになる。小沢はそれを心配したわけなのですね。

そこまで気づかなかった私は深く恥じ入りましたが、同時に、このような些細なところにまで気配り、目配りをわすれない人情家小沢一郎の素顔をかいま見て、彼の人間味をあらためて見直したものでした。

❖――一新会の女帝といわれて

記念式典の開催で私ども茨城一新会は二五〇数名の会員を擁する政治団体として発足致しました。地元メディアは早速、茨城一新会のことを小沢一郎というカリスマ政治家のもとに結集する「別動隊」とか「親衛隊」などと書き立て、派手に報道してくださいました。

茨城一新会は小沢一郎のための応援団です。したがって小沢一郎を支援する方であればどなたでも大歓迎ですのでご入会をお待ちしております。それにつけても会の設立はさまざまな方面にインパクトを与えたみたいですわね。発足直後、早くも励ましの電話が鳴り止まず、対応にてんてこ舞いだったからです。

「よくぞつくってくれた。私も小沢一郎の政治理念に共感するものとして、こういうものが茨城にあればいい、ずっとそう思ってたんですよ。それをあなたがつくってくれた。ぜひ頑張ってください」

「農家の主婦ですが、それでも入れますか。自民党政治にはもう我慢できません。ぜひとも小沢さんに世の中の大掃除をしてもらいたいです」

むろん好意的なものばかりではありません。その筋の人間と思われる男からも数本、このような電話がありましたわ。

「茨城一新会の会長さんて、あんたかね。小沢一郎の後援会だかなんだか知らないが、あんまりいい気にならないほうがいいんじゃないかい」

「茨城の人間なら茨城のもんを応援したらどうでぇー。小沢一郎なんて、あんなロクでもねぇごろつき政治家、とっとと消えっちまえばいいんだ」

どちらも名前を告げず、いきなりこのような脅しをかけてきた、怪しからん男でした。ですから私も負けておらず、こう、ピシャっといい返してやりましたわよ。

「あんたも男なら、どこの誰かぐらい堂々と名乗りなさいよ。こっちは逃げも隠れもしやしない、ただのおばさんなんだから。それに、あんたに脅されたからって、ハイわかりましたってしっぽを巻くほどヤワな女じゃないってこともちゃんと覚えときな」

自慢じゃございませんが、私はいままでずっと独身。ひとりで生きてまいりました。ですから煮て食われようが焼いて食われようが、もうほとんど怖いものなし。どっからでもかかっておいで、といった心境です。そのせいでしょうか、おばさん軍団などは私のことをこのようにたとえますわね。

「姉御肌の女親分」だの「茨城一新会の女帝」だのって。

これをどのように解釈すればよろしいのかしらねぇ。まぁー、私としてはある種のほめ言葉と理解させていただいてますけど。

女帝が君臨する茨城一新会。かつて推古天皇とか元明天皇といった女性天皇もおりましたが、私は彼女たちほど富も権力もない、ただのいなかのおばさん。とはいえ女性会長であることはまぎれもない事実。これだけでも画期的と自負してはおります。

それにつけても振り返るのは、小沢一郎との出会いです。顧みれば私が小沢一郎に初めてお会いしたのは、海部俊樹内閣の発足にともない四十七歳という若さで自民党幹事長に就任した一九八九年十月でしたから、かれこれ二十数年が過ぎるのですわね。

以来私にも小沢一郎にもさまざまな紆余曲折がありました。わけても小沢一郎は常に政界のキーマンですから、メディアのバッシングの対象になること、ひと通りではありませんわね。

第2章

小沢追っかけはここから始まった

(1) その時小沢一郎は

❖――自民党幹事長なり立ての小沢一郎

私が茨城一新会会長に選ばれたのは、小沢一郎をもっとも理解し、一新会の中では近いところにいたからだと思います。

では、ここからは、ならばどのような経緯で小沢一郎に出会ったのか、という疑問にお答えすることといたします。

私が小沢一郎に初めてお会いしたのは忘れもしません一九八九年十月のことでした。なぜ「忘れも……」といったかといいますと、その時小沢一郎は自民党幹事長に就いた直後だったからです。お目にかかる直前の八月に四十八代海部俊樹内閣が発足し、幹事長には小沢一郎が就任いたしました。弱冠四十七歳。若い幹事長でした。そしてこれは奇しくも、小沢が「オヤジ」と称して敬愛しておりました田中角栄氏とまったく同じ年齢での就任でしたわね。田中角栄氏も佐藤栄作内閣のもとで幹事長になっておられました。

若いながらも政権政党を牽引する大役を任され、さあ、これからいよいよ小沢一郎の本領を発揮、というちょうどその時に私は衆議院議員会館に小沢一郎を訪ねたのです。

❖——田中派対竹下派の暗闘

ところで小沢一郎が幹事長に就任するまでには田中角栄氏との決別、あるいは竹下登氏経政会設立などをめぐって田中派内ではじつにすさまじい暗闘が繰り広げられたようです。

小沢一郎は田中角栄氏に育てられた政治家でした。小沢一郎は弁護士志望だったと聞いております。そのため日本大学大学院で法律を専攻していたのでしょう。ところが衆議院議員で父親の佐重喜氏が急逝したため弁護士を断念し、父親の地盤を受け継いで岩手県から立候補し、二十七歳で初当選。一九六九年十二月のことでした。その後のことは皆様もご存じの通りです。

この時選挙の陣頭指揮を執っていたのが田中角栄幹事長でした。この選挙では羽田孜、梶山静六、渡辺恒三氏らも当選し、後に竹下派を結成すると小沢ともども竹下派七奉行と呼ばれたものです。

当選を機に小沢一郎は田中角栄氏が率いる『木曜会』に加わって田中氏の薫陶を受け、以来師匠と弟子の関係が結ばれます。それにもかかわらず小沢一郎は結果的に師匠を裏切ることになります。梶山氏や渡辺氏らとともに、当時大蔵大臣でした竹下登氏を担いで『創政会』を設立して田中派分裂に奔走したからです。同会は後に『経政会』と改称し、一九八七年十一月には竹下登氏を内閣総理大臣に送り出しました。

私が小沢一郎を訪問しましたのは、このような混沌とし、緊迫した政治状況の最中でございました。

❖——肩書なしの名刺に小沢一郎の人間性が

当然ながら訪問するにあたって議員会館の小沢一郎事務所とは事前に電話で連絡をとり、了解も得ております。

今でもふと思うのですが、この時に電話で応対なさったのは高橋嘉信秘書、それとも樋高剛秘書、どちらだったかしらということです。どちらも秘書として小沢一郎を支えておりましたからね。もっとも後になってお二人は立場を異にいたします。樋高秘書は民主党議員に当選してからも小沢グループに所属し、二〇一二年七月、小沢一郎を代表に結成されました『国民の生活が第一』にも馳せ参じております。これに対して高橋秘書は麻生内閣のとき自民党候補として出身地の岩手県から出馬し、反小沢に転じましたからね。

高橋秘書といえば、麻生内閣のもとで内閣官房副長官をつとめた漆間巌氏とは親しい間柄。その漆間氏は副官房長官時代、小沢一郎にまつわる西松建設による巨額献金問題のいわゆる「政治とカネ」の問題で、東京地検特捜部の捜査が小沢に伸びることはあっても、「自民党に及ぶことは絶対にない」と発言したことで知られた人でした。

話をもとに戻しましょう。午前中に自宅を出発。面会の約束は午後二時ですが、道路の渋滞も予想されるのでいくぶん早めに出掛けることにしたのです。例によって愛車を運転し、常磐高速から都心に向かったのです。出掛ける時もそうでしたが、運転中も脳裏によぎったのはこれでしたわ。

〈本当に会えるのかしら……お忙しい方ですから秘書にまかせて本人は出てこないかも……〉

モノ好きないなかのおばさんに会っているヒマなどない、といわれるのがおちではと思っておりましたからね。

〈お会いできなければその時はその時。ま、ダメモトでもいいか……〉

いつものように赤坂プリンスホテルの駐車場に車を停めておきました。

いつものようにと言いましたのは、じつは私の両親はここの会員でした。東京で宿泊するさいはここを定宿にしていたので、両親が亡くなった以後も私が引き継ぎ、宿泊に利用していたからです。

ホテルからタクシーに乗り換えて永田町の衆議院第一議員会館に向かいます。ホテルは紀尾井町にありましたからタクシーならものの数分で到着しますわね。以来このパターンを踏襲しております。

議員会館で面会の手続きをすませ、小沢一郎の事務所に向かいました。けれどこの段階でもまだ私の迷いは消えませんでした。

〈お会いできるかしら。だめかしら……〉そう簡単に面会できるものではありません。多忙なかわざわざ時間を割いてくれるのですから。そのためこのさいあれも聞こうこれも聞きたい、と胸に溜め込んで小沢の事務所に向かったのです。なのにどうしたのかしら、部屋に着くころにはそれもすっかり忘れ、ほとんど空っぽの状態になってましたわね。

事務所のドアを軽くノック。ほとんど同時にドアが開き、「こちらにどうぞ」と男性秘書が応対に現われました。その場で名刺も交換しましたので、応対してくださったのは樋高剛秘書とわかりました。けれどその樋高氏、この原稿を書いている二〇一二年十一月の時点では衆議院議員になられ、日々活躍しております。

「こちらでお待ちください」

「ありがとうございます」

ここまできていながら、けれど待っているあいだにも、「何しに来たのか……」と、自分で自分に不信感を抱く一方、取って食われるのではないか、このような不安感も抱いて待っていました。それというのは、テレビや新聞などから想像する私の小沢一郎というのはぶっきら棒で、こわい顔をしたすがただったからです。

寸刻後、小沢一郎幹事長がやってまいりました。ほとんど条件反射的に私は椅子から立ち上がりました。そうしましたら挨拶よりさきに小沢一郎は、立ち上がる私を制してこのように言うじゃありませんか。

「いいですいいです、そのままで。お楽になさってください」

この一言で、実際緊張感がぐっと和らぎましたわね。その後、ここでも名刺を交換いたしました。当時、私の名刺には茨城県建設機械リース協会事務局長という肩書がついておりました。

一方小沢一郎から頂戴しました名刺、こちらに印刷されておりましたのは、

「衆議院議員　小沢一郎」――これだけ。

正直、拍子抜けしました。

〈えっ、これだけ……うっそぉー。天下の自民党幹事長ともあろうお方が、肩書がまったくないなんて……〉

けれど、後になって考えてみれば、名刺ひとつにも小沢一郎らしさが滲み出ており、好感が持てます。いまも名刺の肩書はずっと変わりませんね。人は肩書や学歴ではありません。何をやり遂げ、実現させたか、実際の成果です。まして政治家であれば。

私の名刺をまじまじと見つめながら、このように小沢一郎は言いました。

「茨城県からわざわざおいで下さったんですか。ありがとうございます」

「ええ、つくば市に住んでおります。以前からぜひ一度お目にかかりたいと思っておりました。塚原先生からも、『一度会ってみるといい。すばらしい政治家だから』と、伺っておりましたものですから」

「それは大変恐縮でございます。塚原先生には、このたび海部内閣発足で大変お世話になり、感謝しているところです」

塚原先生とは、塚原俊平議員のことでございます。塚原氏と小沢とは派閥が違いましたが、海部内閣では一致協力し、政権をささえておりました。

「梶山先生ともお仲がよろしいですわね、小沢先生は。同じ時に当選なさった、いわば同期生というご関係ですものね」

梶山先生とは梶山静六議員のこと。梶山氏も小沢一郎と同じく一九六九年十二月に初当選されました。

❖——誤解による小沢一郎の傲慢イメージ

このような会話を交わすなかでも小沢一郎は終始にこやかでしたね。ですからこれで二度ビックリでした。まず一つは、初対面にもかかわらず、「お楽にしてください」といわれた、この言葉です。このような言葉は計算して出てくるものではありません。日頃から相手の立場になってものごとを考え、行動することを心掛けていなければ出てこないものです。

何げない言葉のなかにも相手を思いやる小沢一郎の人間性、心くばり、深さを見た思いがし、その意外さに私は驚いたのです。小沢一郎といえば強面で仏頂面と聞いておりましたから、おそらく剣もほろろにと思っておりました、お会いするまでは。

二つめは、小沢スマイルですね。こちらもまた、私の小沢像といえばニコリともせず、苦虫を噛み潰したような無愛想な小沢一郎、これでした。ところがどうでしょう。お会いしてみれば終始にこやかにしてらっしゃるじゃありませんか。物腰だってとても柔らかい。じつに丁重。上から目線といった傲慢な態度など微塵もございませんでした。

小沢一郎を正面に見ることで実像とイメージが違うことをはっきりと認識しました。今まで抱いていた私の小沢像がいかに誤解にもとづくものであったか。さまざまな情報によってつくられた小沢像をそのまま鵜呑みにしていたにすぎない、ということをね。

小沢一郎は濃紺のスーツに茶系のネクタイをきっちりと締めており、なかなかのダンディぶりでしたわ。小沢は紺色がお好きということもこの時にわかりました。私はといえば、黒地に赤い花模様のワンピースでしたわね。

幹事長という大変お忙しい立場におられましたから、面会時間は十五分ほどではなかったかしら。私にとってはそれでも充実したものでした。最後に、私はこのように申し上げ、事務所をお暇いたしました。

「今日はお忙しいなか、わざわざお時間を割いていただき本当にありがとうございました。これを機会に、勝手に応援させていただきますが、それでもよろしいでしょうか」

「それは大変光栄です。ありがとうございます」

私の〝小沢追っかけ〟はここから始まりました。以来小沢〝追っかけ〟歴二十数年。

小沢一郎が一九九三年六月、古巣の自民党を離党して新生党を立ち上げた時も、新生党から一九九四年十二月に新進党に変わった時も、あるいはその後も自由党、民主党、そしてさらに『国民の生活が第一』――というように政党を次々と変えてゆきますが、それでもなお私は終始一貫して小沢一郎を応援してまいりました。

なぜそうまでやるか。何の見返りもなく、一銭の得にもならないのに、と人はいうのに。

それは初対面で受けた変わらぬ好感、これに尽きますわね。つまり私は政党で選んでいるのではない。あくまで小沢一郎というひとりの政治家を支援しているということなのです。

〈強面といわれるけど、けっこう人情味もあり、信頼が持てそうじゃない。たしかにやり手の政治家らしいけど、若いんだし、やんちゃなぐらいがちょうどいい〉

初対面で得た、私の小沢一郎の印象とはこのようなものでした。

そしてこの時の対面を契機にじっさい交流を始めるなかで私は、信念を貫き、けっしてぶれない、国民の目線にたった政策を掲げる小沢一郎であることが理解できました。そのためメディアなどでいわれているような強面の小沢一郎でないことを、ほかの皆様にも理解してほしいという思いも強くしたものです。

（2）私と小沢一郎

❖——私が小沢一郎を知ったのは

私が小沢一郎を知るそもそものきっかけは塚原俊平議員のアドバイスでした。

このことは前にも少し触れましたが、では俊平ちゃん（彼をこうお呼びしておりました）との出会いは何かということになりますね。それは俊平ちゃんが成蹊大学卒業後、大手の広告代理店に就職し、主に地方新聞の広告を扱う部署に在籍していたときに、私は出会ったのです。そのころ私も、新潟県に本社を置く新潟日報の東京支社に勤務しておりました。私は一九四〇年四月、茨城県筑波郡葛城村（現つくば市）に生まれました。生家は、この地方では屈指の大地主でした。そのためわが家も土地ブーム、不動産バブルの恩恵に浴したクチでした。

茨城県立水海道第二高等学校を卒業後、さきに述べました新潟日報東京支社の総務部に勤務することとなり、俊平ちゃんとはここで出会ったわけです。

彼は地方紙の広告を担当してましたのでうちの新聞社にもしばしばお見えになり、役員などと打ち合わせを行なっておりました。私も秘書をやっていた関係からやがて同じ茨城出身とわかり、それで親近感を覚えるようになったわけです。「俊平ちゃん」と愛称でお呼びしますのも、このような理由からです。

こうしたことから俊平ちゃんとのお付き合いが始まったわけですが、その後彼は自民党から衆議院議員に立候補し、一九七六年十二月、二十九歳で初当選なさいましたね。この時の出馬は、前年の十二月、父上の塚原俊郎議員が演説中に心筋梗塞で急逝したのを引き継いだものでした。その後大蔵、労働などの各政務次官になり、一九九〇年の第二次海部内閣では労働大臣として初入閣を果たされました。

俊平ちゃんから、「小沢一郎にぜひ会ってみろ」とすすめられたのはこの頃でした。その時には私も新聞社を退職して郷里のつくば市にUターンしておりました。俊平ちゃんが当選なさったのを機会に私は自民党の党員になりました。

その後俊平ちゃんは、橋本龍太郎内閣でも二度目の入閣を果たし、四十八歳で通産大臣になり

今は亡き塚原俊平議員との貴重なツーショット

ました。年齢的にも政治家としての経験も充実したなかでの大臣就任でしたから俊平ちゃんには大いに期するところがあったに違いありません。それだけに彼の早すぎる死はかえすがえすも無念でなりません。

一九九七年十二月、俊平ちゃんは五十歳で急逝されました。死因は、奇しくも父親と同じく心筋梗塞でしたわ。体重一〇〇キロ。政界屈指の巨漢といわれ、ユーモラスなキャラクターは党派を超えて好感を持たれておりました。大学時代には落語研究会に所属し、政界に入ってからもビートたけしさんのバラエティ番組にしばしば出演するなど、ひょうきんな性格を発揮しておりましたわね。俊平ちゃんの葬儀には、むろん私も参列させていただきました。

❖――PKO法案に先鞭

ここで再び小沢一郎と私の話に戻します。

俊平ちゃんが労働大臣に就任なさったころ、自民党幹事長として小沢一郎もめまぐるしい活動を展開しておりました。海部内閣の目玉政策でもありました『国連平和協力法』の成立に向けて小沢は野党との折衝に追われている状況だったからです。

国連平和協力法は、イラクのフセイン大統領が一九九〇年八月に突如クウェートに侵攻したのを契機に提議されたものでした。イラクのクウェート侵攻には私も本当にびっくりしました。またたくまにクウェートを武力で制圧してしまい、イラクの十九番目の州にしてしまうという荒っぽさでしたものね。

かねてより小沢一郎は、国連の指揮下での自衛隊の海外派遣に理解を示しておりました。そうしたところにイラクのクウェート侵攻でしたから小沢は、国際社会の一員として日本も国際平和維持活動に貢献すべしとして、法案成立に前向きでした。

ただしこの法案は事実上、自衛隊の海外派遣に道を開くことになります。したがって専守防衛という自衛隊の、これまでの活動範囲を大きく超えるものになりますね。この壁をいかにクリアするか、ネックはここにありました。実際国会でもこの点が論議を呼び、結局廃案になってしまいました。

そのため我が国の『国連平和維持活動協力法』（ＰＫＯ）が成立するには、海部内閣の後を引き継いだ宮沢喜一内閣での一九九二年六月まで待たなければなりませんでした。

山積するさまざまな難問をいかに捌くか。幹事長としての力量が試されようとしているそのような最中に私は小沢一郎を訪ねました。そしてメディアでいわれていることと実像とのギャップに驚くとともに小沢支援に対するテンションもいっそう高くなりました。

すでに私は自民党の党員であったことは先にお話ししましたが、だからといって特定の議員を応援するということはありませんでした。もっともそのような政治家、茨城県にはいなかったということもありましたけどね。しかし小沢一郎は違いました。若いながらも実績を買われて幹事長にまでのぼりつめた実力者。それだけに充溢した、えもいえぬオーラが全身から放射し、他者を圧倒せずにおかないものがありました。

現に私がそうでした。小沢一郎のそのオーラに触れた途端私の心は鷲摑みにされ、ねじ伏せられ、有無をいわせず、完璧に打ちのめされました。そのため面会を機に私ははっきりと自覚いたしました。信念を持って支援できるのは小沢一郎をおいてほかにない。この政治家のためなら、と勝手にここに決めました。たいがいの犠牲は惜しまない、とね。

小沢一郎——けっしてイケメンなどとはいえません。むしろ無口で無愛想ときてますから、この手のタイプほど女性に敬遠される男性はおりません。

パフォーマンス。これはどうかしら。政治家といえども当選してなんぼ。落選すればただの人。そのため票をとるためにはリップサービスも必要であり、有権者の心をとらえて離さないパフォーマンスも欠かせません。実際これが非常におじょうずで、絶大な人気を誇った総理大臣もおりましたわね。はたして小沢一郎はどうかしら。残念なことにこちらもブーですわ。

無愛想、そのうえ無口の帝王などとも言われております。人気が商売のタレントではないにしてもこれはやはりイメージ的には致命傷。小沢一郎があたかも政界のヒールのように言挙げされるのも、ここに彼の短所があるからです。そうでありながら私は小沢一郎を支援することを自分に誓い、いまなお変わらず続いております。これっていったいどうしてなのかしらねー。

（3）ブレない揺るがない小沢政治

結論から先に申し上げましょう。あまたいる政治家のなかでなにゆえ小沢一郎だけを支援するのか。むろん理由はいくつかございます。けれどあえて一言で申し上げれば、小沢一郎の政治スタンスはいかなる局面においてもブレない、揺るがない、終始一貫している――これでございます。

さらに具体的に言えば、『日本改造計画』をおおやけにした当時と現在も主張に基本的な違いはないということですね。これを言い換えれば、それだけ先見の明があったということにもなります。

『日本改造計画』は羽田孜氏を党首に一九九三年六月に新生党が結成される直前の五月に出版されました。したがって新生党は小沢が『日本改造計画』で示した政治理念を現実にするための結成といっていいかもしれませんね。小沢一郎は『日本改造計画』のなかで、日本のあるべき立ち位置、そして進むべき進路をはっきりと示しました。紙幅の関係もありますので多くは述べられませんが、小沢は日本のあるべき姿として「自立した個人」「自立した国家」――この延長上に「自由で公正な開かれた社会」を目指し、「共存共栄」「自立した国民による自立国家日本」を実現することで、「普通の国」としての日本を確立すると述べています。

けれど「普通の国」といわれてもピンときませんわ、正直なところ。著書ではこのように述べております。

「米国アリゾナ州北部に有名なグランド・キャニオンがある。コロラド川がコロラド高原を刻んでつくった大渓谷で、深さ千二百メートルである。日本で最も高いビル、横浜ランドマークタワーは、七十階。二百九十六メートルだから、その四つ分の高さに相当する。／ある日、私は現地へ行ってみた。そして、驚いた」

という書き出しで始まるのですが、では何に小沢は驚いたのかしら。それは、グランド・キャニオンには世界各地から観光客がやってきます。見下ろすと目がくらむ、まさに奈落の底。人々は恐怖心に震えます。それにもかかわらずグランド・キャニオンには転落防止の柵もなければ立ち入り禁止の標識さえないということに小沢は驚いたのでしょうね。

そして翻って小沢はここに日本を置き換えてみるのです。日本だったらどうなるかってね。すると日本だったらまずあり得ないことを知るわけです。つまり日本だったら柵を設け、立ち入り禁止の看板を立て、そのうえさらに管理人やガードマンを配置し、観光客に注意を喚起します。小沢一郎が著書の冒頭にグランド・キャニオンのエピソードを取り上げたのは、防護柵や看板を設置せよというためではないと思います。この対応の違いに日本とアメリカの姿勢が如実に反映されている、ということを言いたかったのでしょう。

すなわち観光というきわめて私的なレジャーでありながら当局に安全や保護を要求して当然とする、これが日本。自分の身の安全は自分で守る、自己完結、これがアメリカ。この日米の差異から小沢は個人の自立、さらに社会全体に拡大し、日本の自立した国家確立を求めているのですね。『日本改造計画』でこう述べているのがそうですわ。

「第一に、政治のリーダーシップを確立することである。それにより、政策決定の過程を明確にし、誰が責任を持ち、何を考え、どういう方向を目指しているのかを国内外に示す必要がある」

「第二に、地方分権である。国家全体として必要不可欠な権限以外はすべて地方に移し、地方の自主性を尊重する」

「第三に、規制の撤廃である。経済活動や社会活動は最低限度のルールを設けるにとどめ、基本的に自由にする」

あらためて説明するまでもありませんわね。つまり「普通の国」とはこの三つが確立された国家を指すってことなのね。そして「普通の国」とは国際社会の一員として当然とする義務と責任を果たすことともいいます。つまり小沢はこれを湾岸戦争に対する我が国のＰＫＯ法案成立で見せた社共両党の姿勢を念頭においていたと思います。憲法や法律を楯に安全保障と真剣に向き合わない無責任さを批判しております。

小沢の『日本改造計画』出版には、たびたび訪問していたイギリスが参考になっているといわれますわね。小沢のイギリス訪問にはこれまたさまざまな憶測が飛び交ったものでした。とくに一九九一年六月に狭心症で四十日ほど日大病院に入院したあとの訪問では、心臓の治療が目的ではなどとメディアに書かれたものでした。もちろんそうした事実はありませんでしたけどね。

訪英はイギリスの議会制度や選挙制度などについて議員や学者と意見を交わし、我が国の行政改革の参考にするためのものでした。実際政府委員制度の廃止や党首討論の導入などは訪英で得た経験からだったと思います。

『日本改造計画』が出版されたのは一九九三年五月でしたから、自由党党首として代表質問に立った小沢一郎が二〇〇三年五月の国会で、『日本一新十一基本法案』を明らかにするまでには十年間の時間が流れました。この間には細川、橋本、小泉、麻生――と首相も次々と交替し、二〇〇九年八月の総選挙では野党の民主党が第一党となって自民党の長期政権を倒し、戦後はじめて選挙による政権交代を実現させせました。

政党あるいは派閥の合従連衡や吸収合併はよくあること。小沢一郎もその一人。自民党を離れて以後、新生党、新進党、自由党、民主党と渡り歩き、さらにまたしても二〇一二年七月には民主党を離れて『国民の生活が第一』を立ち上げましたわね。そして四カ月後には同党を解党し、日本未来の党に合流しました。これだから「壊し屋」といわれ、悪者扱いされるんですけどね、小沢一郎は。

所属政党はかわれども、ただし変わらないものがございます。いかなる場合でも政治理念と政策にはいささかの変化もない、これでございます。それを具体的に示しているのが『日本一新十一基本法案』ですわね。では、小沢一郎が掲げた十一の基本法案とはどのようなものかしら。見てみたいですわ。それはこのようなものでした。

（一）「国民主導政治確立法」
（二）「安全保障基本法」
（三）「非常事態対処基本法」

（四）「人づくり基本法」
（五）「地方自治確立基本法」
（六）「税制改革基本法」
（七）「国民生活充実基本法」
（八）「市場経済確立基本法」
（九）「特殊法人等整理基本法」
（十）「食糧生産確立基本法」
（十一）「地球環境保全基本法」

ここで主だったものを私流に解釈しますと、このようになるかしら。
（一）は、従来の国会審議は官僚がつくった法案を議員が採決するだけの、官僚主導でした。これでは国民の負託を受けた国会議員とはいえません。そのため小沢一郎は政治家の政策立案能力を高め、国会審議を政治家主導に転換するというものじゃないかしら。
（二）は、国連決議に基づき、我が国も「普通の国」として国連平和維持活動に協力し、相応の役割を果たすということですわね。

（三）は、我が国に対する武力攻撃や東日本大震災のような大規模災害に対する防衛、防災の充実ということですね。備えあれば憂いなしといったところでしょうか。

（四）は、教育問題。小沢一郎はとくに将来を担う青少年の人づくりを強調してます。我が国の戦後教育は、ともすると知育偏重のきらいがありました。そのため知育に加えて徳育の重要性を述べてますわね。

❖――小沢のブレない政治理念

『日本改造計画』出版から「日本一新十一基本法案」まで十年の時差がございます。けれど我が国のあるべき姿をより具体的に述べこそすれ、いささかの退行もないことがおわかりいただけるのでは、と思います。この進化は、そしてまだまだ途上。といいますのは二〇一二年七月十一日、憲政会館で結成大会を開催し、小沢一郎を代表として新たにスタートしました新党『国民の生活が第一』が掲げました綱領には前出の『日本改造計画』や「日本一新十一基本法案」などに盛り込まれました国の骨格が示されていますね。

綱領の要旨だけを述べておきますと、「政権交代で付託された民意に鑑み、『国民の生活が第一』の原則を貫いて日本の仕組みを一新する」ことを約束しています。これを実現するために新党は、

「自立した個人が自由と公正を規範とし、多様な価値観をもつ他者と認めあう『共生の社会』を目指す」とし、次の三つの前提を明らかにしました。

（一）国民の主権――国民に情報が開かれなくてはならない。国、官僚、企業の情報独占は許されない。

（二）地域主権――地域づくりのために必要な国と地方の関係は、抜本改革の中で協議を先行させる。

（三）国家主権――文化・教育・科学技術・経済・金融・外交など真の主権国家を確立する。

綱領は、『日本改造計画』出版からじつに二十年。「日本一新十一基本法案」から十年が過ぎております。ところがどうでしょう。ここでも小沢一郎の基本的な政治信念に揺るぎないことがおわかりいただけるのではないかしら。

私が二十数年、ひたすら小沢一郎を追っかけ、支援しつづけるゆえんもここにあるのです。しかし懸命に努力しても報われない、それが小沢一郎でもある。

私がもっとも軽蔑し、嫌悪しますのは、人の意見に惑わされ、グラグラする人、ブレる人、これです。つまり付和雷同タイプの人です。私が中日ドラゴンズのファンなのもこのせいなんです。

突然政治の話からプロ野球の話にふっ飛んだりしてすみませんが、ブレない、揺るがないという点で私には同じなんです。なぜかといえば、このチームは生え抜きの監督を起用し、ヘッドハンティングした監督を使うなんてまねはしないんです。

勝つためにはなりふりかまわず札束片手にトッププレイヤーだけをかき集めるどこかのチームと、ここがちがう。中日ドラゴンズにはこのような清さがある。だから私は好きなんです、このチームが。

(4) 〝剛腕〟小沢というけれど

❖——剛腕といわれるゆえん

小沢一郎と衆議院議員会館で初めて面会し、これを機会に勝手連的に支援することを申し上げ、快諾を得ました。そのためこれを契機に小沢事務所から、「小沢政経フォーラム」などさまざまなお誘いの封書が郵送されるようになりましたわね。もちろんその都度出席欄に丸印をつけて返送しております。私がこのようになりましたのは、なんといっても初対面での印象が大きく影響しております。超がつくほどの忙しさでありながら、まして見ず知らずの、モノ好きないなかのおばさんの面会ならば多忙を理由にいくらでも断ることができるはず。けれどそうはせず、心やすく小沢一郎は会ってくれました。面会時間はものの十数分たらずでした。けれどそれまで抱いておりました剛腕といわれる小沢一郎のイメージをまるごと引っ繰り返してくれた点で、この面会は有意義なものでしたわね。

じかに小沢一郎にお会いするまでは私もマイナスイメージしかありませんでした。ところがお会いしてみれば腰は低く、ひとのはなしには耳をかたむけ、丁寧に答えてくださり、剛腕など微塵も感じさせませんでした。ですから、

〈メディアは剛腕だ、剛腕だ、とたたきまくってるけど、これでいったいどこが剛腕なのかしら……〉

このように思ったほどでした。

直接面会したことで私の小沢像は〝剛腕〟政治家から実直な政治家へと大きく転換いたしましたわね。

❖——三人の官房長官

もっとも剛腕と言われるには言われるだけの理由も、まったくないわけじゃないでしょう。竹下登内閣時代、内閣官房長官をなさってた故小渕恵三氏が小沢一郎を指してこのようにおっしゃったのがそうでしょうね。

「竹下内閣には三人の官房長官がいる。ひとりは本物のわたし。二人目は、二人の内閣で官房長官を経験した竹下総理、そして三人目は、官房副長官の小沢一郎氏だ」

竹下氏は第三次佐藤栄作内閣とその後を引き継ぎました田中角栄内閣の二度、内閣官房長官にお就きになりました。

小渕氏のこの言葉は、小沢一郎は副官房長官でありながら本物の官房長官をしのぐほどの実力をもっているということを暗に認めたもの、と思われますわね。じじつ小沢一郎は、交渉が難航しておりました日米の電気通信、建設などに関する協議をまとめあげ、官房長官以上の交渉力を発揮し、日米政界から高く評価されました。

さらに、来るべき衆議院選挙にそなえた選挙資金獲得で見せた小沢一郎の手腕も見事なものでしたわね。これは、私が議員会館に小沢を訪ねるちょっとまえの、宇野宗佑内閣のもとで七月に行われた参議院選挙ことですが、リクルート事件の影響で自民党は惨敗し、過半数割れをきたしました。このような状況のなかでなお衆議院選挙に負けるようなことになれば自民党は完全にギブアップ。自民党幹事長としてこのような事態だけはなんとしてでも避けなければなりません。小沢は容易ならざらん危機感を抱いて苦境打開に臨んでいたはずです。このような状態のときに私は小沢一郎を訪ねたのですから、いまにして考えればなんて傲慢な女か、思うたびに顔が赤くなりますね。

これからの話は、私が議員会館を訪ねた以降のことになりますが、小沢の剛腕は、海部内閣後の首相指名などでいよいよ凄みを増してゆきますね。このときに見せた剛腕こそ小沢一郎の真骨頂といえるからです。なにしろ四十九歳の小沢一郎が大先輩のベテラン議員を裁定するという、まずあり得ない、前代未聞のことをやってのけたのですから。

❖――小沢裁定の真相

小選挙区制や国会議員の定数是正など政治改革関連法案が廃案になった責任を取って海部内閣が総辞職。後継者をめぐって渡辺美智雄、宮沢喜一、三塚博の三氏が出馬を表明いたしました。この三氏は派閥の領袖でもありましたわね。

じつはこのころ小沢一郎にも出馬の打診があったのでしょう。経政会会長の金丸信氏がさかんに擁立に動いたようでした。このころには小沢一郎もすでに自民党幹事長を辞任しておりましたからね。一九九一年四月の東京都知事選に小沢が推薦した元NHKキャスターの磯村尚徳氏が鈴木俊一氏に敗れたためその責任を取ったからです。

都知事選敗北問題に加えて三氏はいずれも大正世代のキャリア。あと十年待っても自分は五十代後半。ならばここは三氏に席を譲り、次のチャンスを待ってもおそくない。このような判断もはたらいたかも知れません。じっさい小沢一郎は金丸氏の出馬要請を辞退しましたね。

歴史に「もしも」とか、「たら」とか、このような言い方はふさわしくないと言います。でも、小沢一郎が金丸氏の要請を受諾し、第四十九代内閣総理大臣に就任していたら、はたしてこの国はどうなっていたかしら、という想像をすることはゆるされますわよね。少なくとも、後に『日本改造計画』で示したいくつかのテーマはすでに実施にうつされ、旧弊や従来の慣行にとらわれない斬新な政治システムが築かれたにちがいない。このように私などはおもうのですが、いかがかしら。

けれど三氏に禅譲したことで、〝小沢総理〟は一睡の夢に終わりました。かくして総裁選挙は渡辺、宮沢、三塚の三人で争われることとなりました。この時でしたわね、いわゆる小沢裁定がおこなわれましたのは。

では、小沢裁定とはどのようなものだったのでしょう。

金丸氏には、派閥の長ではない海部、宇野政権が続いたため今度こそ党内最大派閥の経政会が天下を取るという野心があったはずです。そこで金丸氏は小沢に白羽の矢を立て、総裁候補にかつぎ出したのですわね。けれど小沢はこれを固辞しました。それでも諦めない金丸氏は、そこで小沢に、だれが次の総裁にふさわしいか、三氏の政権担当能力を質したうえで総裁候補を絞り込むことを小沢に伝えたわけです。

金丸氏の指示を受けた小沢一郎は自分の個人事務所に三氏を呼んだと、私は伝え聞いております。一九九一年十月十日のことでした。

これによって剛腕小沢のイメージがほとんど決定的となりました。当選回数でも、年齢でも上回り、そのうえ派閥の領袖でもあるお三方を自分の事務所に呼び付け、総裁にふさわしいかどうか品定めする――。

総裁決定の生殺与奪の権利は我にあり、とする小沢一郎のこの態度はまさに傲慢そのものであり、尊大であるとしてメディア、そして国民も一斉に非難を浴びせ、〝剛腕小沢〟〝悪玉小沢〟を決定づけたのではないでしょうか。

実際は小沢が呼び付けたわけではなく、渡辺氏の都合から小沢事務所訪問を申し出た、あとのお二人もこれにならった、というのが真相だったようですけどね。

けれど小沢を悪役にするためには、渡辺氏のほうから訪問を申し出たというシナリオではまずい。呼び付けたとしなければ、ね。小沢一郎もなにが真実かを説明しない。この点にも小沢一郎の短所がある。小沢は、決して言い訳しないということを信条にしているようですが、このような場合の説明は言い訳ではありません、事実を語るわけですから。無用な誤解を避けるためにも説明すべきことはやはりきっちりと説明すべきじゃないかしら。

ともあれ、剛腕といわれ、まるで政界のワルのように書き立てられております小沢一郎ですが、彼が主催する政経フォーラムに欠かさず参加するようになり、私の〝小沢追っかけ〟が本格的に始まるのでございます。

第3章

私を国会につれてって

（1）女性が小沢嫌いなわけ

❖——小沢の二大政党制

小沢一郎との初めての対面をはたすと、じきに小沢事務所から講演会やらパーティなどさまざまな案内状が頻繁に送られてくるようになりました。そのため郵便物を開封するたびこう思ったものですわ。

〈政治家って、こんなにも政治資金集めに忙しいものなのか。いろんな名目をつけたりして……〉

ほかの議員なら欠礼させていただく場合もあります。けれど小沢一郎関連ではよほどのことでもないかぎり参加しております。それでもかずあるパーティのなかでとくに印象深いものといえば、やはり小沢政経フォーラム、これですね。

私が小沢政経フォーラムに初めて参加しましたのは一九九八年十二月でした。このとき小沢一郎は、彼にとって四つめの政党にあたる自由党の党首でした。

四つめといいましたのは、自由党にいたるまでには自民党、新生党、新進党と渡り歩いてきたからです。単に渡り歩いてきただけではなく、立ち上げては解党、つまりつくっては壊すということを繰り返してきました。もちろん、子どもが積み木をひっ繰り返すのとわけがちがいますから政党を変えるには変えるだけの、ちゃんとした理由があってのこと。その理由を私は、小沢一郎が理想とする二大政党制を標榜するがゆえのことと理解しております。

しかしそのうえでなお敢えて私はこのような疑問を抱くのです。はたしてこの日本に二大政党制はふさわしいのか、むしろなじまないのではないか、という疑問です。

じじつ民主党政権が誕生したことで我が国にもようやく二大政党制が成立したかにみえました。ところがどうでしょう。民主党は国民の要望や期待にそむき、その揚げ句が支持率の急落じゃなかったですか。

ここでまた、政治資金に話を戻します。小沢一郎は田中角栄氏の側近として、ロッキード事件で田中角栄氏が、佐川急便事件では、元会長から受け取った五億円が政治資金規正法違反にあたるとして金丸信氏がそれぞれ逮捕され、さらは竹下登氏までがリクルート事件で政治不信を招いて退陣に追い込まれるなど、派閥の領袖の去就をつぶさに見てきたものと思います。そのようなかで、派閥の領袖とは、結局カネで勝ち取り、カネでつまずくということを痛感するんですね。派閥の領袖ともなれば夏には氷代、暮れにはモチ代をくばり、子分をやしなわなければならず、何かと物入りがかさみます。だからカネが必要になるわけです。

この悪弊を断ち切るにはやはり選挙制度の改革以外ない。このように考える小沢一郎はかねて持論の選挙資金のかからない小選挙区制導入を主張するのでした。ところがこれに猛烈に反対するグループがあらわれました。今は亡きなき梶山静六氏でしたわね。経政会は小沢対反小沢の対立激化で分裂騒ぎに陥りました。

梶山氏も茨城県出身でした。塚原俊平氏の葬儀にも参列されておりましたので私もよく存じ上げております。梶山氏は、小沢の強引で独断的な政治手法に反発し、批判の急先鋒に立っておりました。梶山氏と小沢は同じ一九六九年十二月に初当選した同期生。そのため田中派の「初年兵」あるいは竹下登氏が率いる経政会では「竹下派七奉行」といわれるなど、いわば盟友でした。それが決裂したのです。

両者の対立は一郎の一、静六の六、それぞれをとって「一六戦争」などともいわれました。普段は温厚な人柄で、茨城なまりでユーモラスな梶山氏なのですが、このような場面に見せる気性には、やはり軍人魂があらわれるのでしょうか。凄まじいものがありました。あるいはひょっとするとこのような事態を念頭においておっしゃったのかしらね。あるとき金丸信氏は番記者から将来の宰相は誰かと問われたのを受け、このようにお答えになったそうです。

「平時の羽田、乱世の小沢、大乱世の梶山」

❖――刎頸の友の羽田氏とも決別

経政会はまさに大乱世だったかもしれません。党内最大派閥の経政会分裂騒動は自民党の存在さえ危うくしかねない、そのような危機をはらんでおりましたからね。じじつ、やがて小沢は自民党を離党し、新生党を立ち上げました。私もこの時点で自民党党員を返上し、小沢の後につづきました。なのに新生党は一年半ほどで解党してしまいますわね。

新進党の結党大会は横浜市の国立横浜国際会議場で開かれました。私にも案内状が届きましたのでもちろん出席いたしました。寒いさなかの一九九四年十二月十日でしたから、車の暖房を目いっぱい上げ、会場に駆けつけたものです。

新進党結成は、小沢が長年来悲願としていた二大政党制を可能たらしめるものでありました。新生党、公明党、民社党などが解党し、自民党に取って替わる政権政党を標榜して大同団結したからです。じじつ、翌年七月の参議院議員選挙では選挙区選出の議員が改選前の十九人から四十人に倍増し、自民党の四十九議席に迫る勢いを見せてくれましたわね。

ところが新進党も三年ほどしかつづきませんでした。海部俊樹党首が引いたため小沢と羽田氏が代表選に名乗りを挙げ、小沢が党首に選出されたあたりからまたもや党内がざわわしてまいりました。

羽田氏も小沢と同じ年に初当選なさったいわば同期の桜。おたがい「いっちゃん」「つとむちゃん」と呼びあう仲のよさ。小沢が、「必ず羽田内閣をつくってみせる」といえば、「私は舞台で演じ、シナリオを書くのは小沢」と羽田氏が応える、まさに二人は「刎頚《ふんけい》の友」でしたし、阿吽《あうん》の呼吸で通じ合った、数少ない同志だったのじゃないでしょうか。そしてじじつ羽田氏は第五十一代内閣総理大臣に就任し、小沢の約束通りになりました。

それなのに党首選をめぐって二人の関係は険悪なものに変貌。これを見かねた渡辺恒三氏が、党首は羽田、幹事長は小沢という妥協案を示しました。渡辺氏も同期生。行動をともにしてきた仲です。ところが羽田氏は妥協案を蹴ってしまいました。これで亀裂はほとんど決定的。反目した状態のまま党首選に突入いたしました。投票は一九九五年十二月、党員党友が参加して虎ノ門の新進党本部でおこなわれました。

先にも述べましたが、小沢が新生党を立ち上げた段階で私は自民党党員を脱退しておりました。開票の結果、小沢が当選しました。しかし小沢党首は羽田氏の執行部入りを拒否し、徹底的に排除してしまいます。ある種の意趣返しですわね。そのため羽田氏は、一九九六年十月におこなわれた総選挙で新進党が改選前より四議席減の一五六議席におわったのを見届けて離党し、太陽党、さらに後に民政党をつくりましたね。

羽田氏とのしこり、小沢が念願していた、政党交付金とセットで一九九四年一月に成立した小選挙区比例代表並立制のもとでおこなわれた初めての総選挙だったにもかかわらず敗北。このようなことから反小沢抗争はなおも絶えず、ついに小沢は新進党の解党を決断したのです。年の瀬も押し詰まった一九九七年十二月のことでした。この翌年一月には早くも小沢は自由党を結成し、党首になりました。

❖――女性が小沢嫌いなわけ

私が政経フォーラムに参加するようになりましたのは九八年の十二月でした。政経フォーラムは都内の全日空ホテルを会場に四月、六月、八月、十二月の年に四回開催されますわね。そしてここには商業界、そして私のような、小沢一郎を支援する一般の方々など、毎回五〇〇人ないし

全日空ホテルで恒例の政経フォーラムで花束贈呈

六〇〇人がお集まりになります。

会費は二万円です。けれど私は献金のつもりもあり、毎回それ以上をお支払いしております。

しかも私ひとりではなく、かならず二、三人の仲間をお誘いしております。このような機会を通して小沢政治に理解を深めていただきたいとの思いからです。

勉強会と称しましてフォーラムの冒頭には小沢一郎が講演をおこなうあるいはジャーナリストを講師に招いて時局を語っていただくのです。やがてこのあと第二部で懇親パーティへと式次第がすすむわけです。

これまで毎回のように参加し、欠席したのは二、三回ぐらいでは、と記憶しております。出席するたびに私が痛感いたしますのは、参加者は圧倒的に男性が多く、女性はまばら、ほんの数える程度ということでした。小沢一郎はいかに女性に人気がないか、これでつくづくわかりました。

これにくらべて橋本龍太郎元首相、あの方は女性ファンが多いこと多いこと。小沢一郎とはまるで雲泥の差。橋本氏の女性ファンの半分を分けていただきたいぐらいですわ。

塚原俊平ちゃんとの関係から橋本龍太郎氏や、自民党離党後に国民新党の代表になられました亀井静香氏など複数の自民党議員からパーティのお招きを受けるようになりました。橋本氏は村山富市首相のあとを継いで首相にお就きになりましたが、ご存じのようにポマードのようなものをたっぷりとつけ、てかてかした頭髪をきっちりと分け、橋龍スマイルでニコっとなさいます。

たまりませんわねー、女性には、なんともいえないあの表情が。

「おんな殺し」の手だとわかっていながらコロっとしてしまう。そして「橋龍」だとか、「龍さま」だとか、まるで人気役者の追っかけファンのような女性たちの熱気でパーティ会場はむんむんしておりました。

それに引き換え小沢一郎のパーティといったらじつに無粋。申し合わせたように黒や紺色背広のオヤジばっかり。からすじゃあるまいしねぇー。華やかさなんてこれっぽっちもありゃしません。これじゃー、げんなりですわよねぇ。

政策こそ政治の王道。まさに正論です。

政策に人気取りのパフォーマンスやスタンドプレーはまったく無用。これまたおっしゃる通り。でもねぇー、そうはいうものの、政策実現は議員に選ばれないことには不可能。したがって選挙に勝つためには有権者の人気も大事な要素なんです。とくに女性のね。ところが小沢にはこの要素が欠落しております。まことに困ったものですわね。

そこで私は、女性の立場からこれを考えてみたんです、女性が小沢を毛嫌いする理由ってなにかしら、と。

するとこのようなことがわかりました。リップサービスがない。つまり口数がすくなく、おしゃべりを嫌うってことですね。だから小沢は「無口の帝王」などともいわれるんですけど。これは少年時代に受けた母親のきびしいしつけが影響している、そのようにメディアでは言われていますね。

❖——女性は理でなく情

私の手元に小沢一郎の略歴を示す資料がございます。それを見ますと、小沢一郎は一九四二年五月二十四日、弁護士で、当時は東京府議でもあった父佐重喜、母みち、の長男として東京下谷で産声を上げました。

このころはちょうど太平洋戦争の真っ最中。前年の十二月八日、アメリカ、イギリスを相手に無謀な戦争に突入します。当初こそ破竹の勢いでしたが次第に劣勢に立ち、一九四三年三月には東京大空襲があり、東京はたちまち焼け野原と化してしまいます。そのため下谷に住んでいた小沢は東京から父親の故郷である岩手県に疎開するんですね。

岩手県には中学二年生を修了するまでおり、三年生に進級する時に東京都文京区立第六中学校に転校してくるのですわね。その後都立小石川高校、慶応大学経済学部へとすすみ、将来は父親と同じく弁護士を目指しておりましたから慶大卒業後、日本大学大学院に進んで法律を専攻しておりました。このようなときに運命の転機がおとずれます。父親が演説中に急死したため弁護士の道を断念せざるを得なくなったのです。

ひとの運命とはどこでどう変わるかわかりませんね。この時にそのまま弁護士になっておりましたら後年、政治資金規正法違反容疑で裁かれる側ではなく、むしろ裁く側に小沢一郎は立っていたかもしれません。

ともあれ、衆議院議員であった父親の地盤を引き継ぐため一九六九年十二月、小沢一郎は当時の岩手二区から自民党公認で衆議院議員選挙に立候補し、初当選をはたしました。

ざっとこのようなコースをたどりながら議員生活四十数年。いまではすっかりベテランの領域に達しております。けれど三つ子の魂なんとやらといいますように、彼の性格はほとんど変わらないようです。多くを語らず、寡黙です。

そのためこのことが随分と小沢を窮地に追い込んでもいますわね。たとえば西松建設による、いわゆる政治献金疑惑です。問われるような裏金などビタ一文受け取っていないのにメディアはこぞって「説明責任」で小沢を責め立てました。けれど小沢はこれを一切拒否します。事実無根だからです。本来ないことを、どのように説明せよというのか、という思いがあったからでしょう。そうすればしたでさらにメディアは、これをある種の居直りとみて、一段と小沢疑惑をフレームアップします。

ですからたいがいの人は、説明責任をはたして身の潔白を証明すれば、とこう、思います。けれど私たちと小沢はここが違うところです。小沢は説明いたしません。

このような考え方はたぶん幼年時代に受けた母親のしつけからきているようですね。「他人を批判したり悪口をいってはなりません」「男子たるもの、けっして見苦しい言い訳などしてはなりません」「たとえ満点を取ったとしてもそれをひけらかすものじゃありません」「見栄をはらず、男はだまって勉強すればよろしいのです」

母親はこのように小沢一郎をしつけたといいます。そしてこれが小沢家の家訓であったと報道されております。このような厳格な家庭で養育された小沢少年。いかにも謹厳実直な人間像を私たちは想像し、じっさい小沢はそのような政治家だと、私などは信じております。

でもこれではねぇー。とても女性にはモテそうにありません。「理」ではないんですよねぇー、女性っていうのは。政治においても「情」を求めますわ、女性は。

「情」とは人のこころです。いかに理にかなっていても、こころにひびくものがなければ人は動きません。この点、橋本龍太郎氏や小泉純一郎氏などはじつにお上手でした。パフォーマンスをすることでメディアの露出度を上げ、有権者のこころをがっちりと握って離しません。ご両人の人気の秘訣はここにあったのではないか、私にはそう思えてなりません。

悔しいかな、小沢一郎にはこれがない。いつの場合もパーティ会場には背広組ばっかり。もっと女性ファンを増やさなければ。パーティに出るたび強く感じるのはこれでした。私が毎回いく人かの女性を同行するのはパーティに華をもたせるということもありますが、それ以上に女性ファンを増やしたいという思いがあったからです。さいわい最近では女性の参加も大変多くなり、安心しております。

❖──小沢と初めてツーショット

私が会長を仰せつかっております茨城一新会の場合、小沢一郎には女性ファンが少ないことの反省をふまえ、女性をターゲットに勧誘をすすめております。そのため会員のほぼ四割は女性会員で占めてますわね。これもひとえにおばさん軍団の熱心な勧誘のたまものですわ。

小沢政経フォーラムは全日空ホテルで開かれます。このほか夏期講習会と称して毎年九月、箱根の強羅ホテルを全館貸し切りにして二泊三日の合宿をおこないます。この場合も自家用車を飛ばして私も六回ほど参加いたしました（自由党時代です）。

年4回開かれる政経フォーラムで小沢一郎とツーショット

小沢一郎の側近で、元参議院議員でした平野貞夫氏が実行委員長をなさってましたが、初日は講師による時局や政局に関する講演会。その後懇親会がもたれます。二日目はホテルの駐車場をグラウンドがわりにして運動会が始まります。みなさんそれぞれスポーツウェアに着替えて跳んだり走ったり。ハッスルします。ところがたちまち息があがり、日頃の運動不足が露呈します。まぁ、もっともほとんどが中高年。おまけにメタボっ腹のひとたちばかりですから無理もありませんわね。口は達者でも体はまるで動きません。運動会でたっぷり汗を流したあとの温泉、これがまた格別。たまりませんわねぇー。そして三日目の午前中に解散となります。

運動会といえば、小沢一郎のほか達増拓也氏や東祥三氏などと並んでバッチリとったツーショット、これも忘れられない、いい思い出です。

思えばこの時の写真が私と小沢一郎との、初めてのツーショットでしたわね。その後は何度となく撮っておりますけど。このツーショット、我が家の事務所の壁に額入りで飾っております。

夏期講習の全課程をおさめたとして、小沢一郎から修了証書をじきじきに頂戴いたしました。こちらもちゃんと額入りで壁に架けてございます。ちなみに、修了証書とはこのようなものです。

あなたは第六回自由党全国研修会に参加され所定の研修項目を習得されましたのでここに修了

証書を交付いたします。

平成十五年九月八日

自由党党首　小沢一郎

自由党全国研修会実行委員長　平野貞夫

(2) 誕生日には花束をかかえて

❖——誕生パーティには赤いバラの花束を

誕生パーティにはバラの花を、小沢一郎の年齢に合わせた本数をあらかじめホテルに注文しておき、誕生パーティの当日に受け取ります。

年齢の数だけというところに工夫のあとが感じられるんじゃないかしら。単純に十本二十本というのではなく、年齢の数に合わせたとなれば、パーティに出席なさった皆さんに自然と小沢の年齢もわかり、

「ほほぅ……」

このようにうなずかれる人だっているかもしれません。そうなればまたあらたな話題のきっか

けにもなり、会話がひろがるんじゃないかしら。それに、年齢の数に合わせた赤いバラの花束を、というところに、いかにも女性らしいこまやかなこころづかいが感じ取れる、このような点もありますわよね、プレゼントを受け取るものにすれば。もっとも、これは私が先鞭をつけただけで、その後、私につづく女性も現われ、好ましい傾向だと思っています。

❖――ネクタイはイタリア製のミシュラン

ネクタイもそうですわ。こちらは銀座三越で、私が直接見立てます。イタリア製のミシュラン。色はだいたい水色系かブルー系ですわ。贈答用ですので箱に入れ、リボンをかけていただきます。花束もネクタイも、パーティが始まるよりさきに小沢一郎に手渡します。私の、このようなことが二〇一〇年十月二十六日号の『アエラ』誌に「茨城一新会長」あるいは「女帝」などとして大きく掲載されたため、いつしか小沢グループの議員にまで同じように「会長」あるいは「女帝」などと呼ばれるようになってしまいましたね。

小沢一郎を訪ねて時折永田町の民主党本部に出掛けた時など、ほかの議員や職員と顔を合わせます。すると、「おかわりありませんか、会長」「会長、ご苦労様です」「今後ともよろしくお願いいたします、会長……」。このように、フランクに言葉を交わしていただいているからです。

けれど、だからといって私は一度たりとも小沢一郎からコーヒー一杯、食事、これをごちそうになったためしはございません。

なにゆえこうまでするのか。よく受ける質問です。けれどこの場合も私の答えは同じです。私たち国民のためによい政治をやっていただきたい、これだけです。これ以外の見返りなどまったく期待しておりません。小沢一郎とは、ですから長いお付き合いができるのです。見返りを求めたり、なにかしてもらうなど、そんな邪心があっては応援は長続きしないと思います。

❖——さながら「いっちゃん」の部屋

ところで、ここでもツーショットの話が出てまいりましたが、じつは、茨城一新会の事務所にもなっておりますす我が家のリビングルームの壁には、小沢一郎と肩を並べて撮りましたさまざまな場面の写真が、そうですわねー、かれこれ二十数枚、四つ切りサイズの額入りで架けてありますわね。

私の小沢一郎に対する応援がいかに強いか、これだけでもわかるなどというつもりは毛頭ございませんが、小沢政治に対する私のシンパシーの度合いを推し量る、ひとつの手掛かりにはなるんじゃないかしら。

ツーショットだけではありません。そのほか、「僕には夢がある」「国民の生活が第一」などのスローガンをプリントした小沢一郎の選挙ポスターや白いTシャツ、さらに小沢一郎が左手を高くかかげ、小沢スマイルでポーズをとったいわゆる、ゆるキャラっぽい「いっちゃん人形」など、いろいろなグッズもございますわ。

そのためこの部屋のことを、さながら「いっちゃんの部屋」だなんて、冷やかすひともいらっしゃいますわね。とくに口さがないおばさん軍団などは。

まぁー、いわれてみればその通りかもしれませんね。だってこれだけじゃない。「いっちゃんダルマ」に「いっちゃん音頭」「いっちゃんうちわ」……。私、このようなものまでつくっちゃったんですからね。

「いっちゃんダルマ」とは、ダルマはダルマでもただのダルマじゃありません。全身キンピカ。まばゆいばかりのゴールドメタリックときてるんです。高さは、そうねぇー、一メートルぐらいあるかしら。群馬県高崎市の製造メーカーに直接依頼してつくらせた、特製ダルマ。どうせプレゼントするなら思いっきり目立ったほうがインパクトがあるんじゃない。この金ピカダルマ、「内閣総理大臣　小沢一郎」と書いて、完成と同時に赤坂の小沢一郎事務所に送りました。

「いっちゃん音頭」。こちらも私が親しくお付き合いしておりますプロの作詞家と作曲家にお願

小沢一郎の総理大臣も幻に終わっている金ピカだるまにいっちゃん人形

いし、すでに完成し、レコーディングを待つばかりとなっております。音頭ですからノリのいい、だれもが口ずさめる、かろやかなリズムの歌を、と作詞家、作曲家にはこのようにたのんでおきました。

これで、私と小沢一郎の関係とはどのようなものか、おおよその想像がつくんじゃないかしら。ただしくれぐれも誤解なさらないでください。ラブロマンスを期待するんでしたら、もっとちがう仕掛けがあったでしょうからね。

（3）わたしを国会につれてって

❖——わたしを国会につれてって

二〇〇九年十一月、私は大型観光バス七台をチャーターし、茨城一新会のメンバー二四五名を引率して国会議事堂を訪問いたしました。

「ねぇ会長、一度でいいからわたしを国会につれてって。国会議事堂って、どういうところか知らないし、行ってみたいわー」

「そうよそうよ、私たちが選んだ議員だもの、私たちにだって当然あるんじゃないの、見る権利って」

茨城一新会が結成されますと、とくに女性会員のあいだからこのような声が次第に高まってまいりました。それが実施に踏み切った理由でした。

このような要望は当然ですよね。私たちが一票を投じて国会に送り込みました議員がどのような働きをなさっているのか、知る権利はありますものね。まして熱烈に支援した議員がいればなおさらこの思いはつよいものです。

とはいうものの、ちょうどそのころ、肝心の民主党は、茨城一新会の結成直後におこなわれました統一地方選挙、あるいは七月の参議院議員選挙などの対策に追われて私たちを受け入れる状態にはありませんでした。しかも参議院選挙では予想以上に善戦し、六十議席を獲得して野党第一党に躍進したので国会運営に一段とはずみがつきましたからなおさら私たちのことなど後回し。

こちらもタイミングをはかっているうち、いつしか訪問のチャンスが延び延びになっておりました。そのため私たちの国会訪問が実現するには二〇〇九年八月に行なわれた総選挙後まで待たなければなりませんでしたね。

❖――前例のない訪問団

参加者二四五名。ひとつの団体がこれだけの人数で繰り出した国会訪問団は私たち茨城一新会が実施するまで久しくなかったケース、と国会の担当者がおっしゃいましたね。それもそうでしょう。私たちにしても、これだけの動員をかけるのにどれだけ手間暇かかったかしれません。

例によってここでも活躍してくださったのがおばさん軍団。ひと声かければいざ鎌倉、とばかりにただちに集合。フットワークの軽さに加えて結束力もおばさん軍団の強力な武器。会員はもとより友人知人、とにかくたくさんのかたに参加していただくため、手当たり次第に声をかけました。

ずいぶんとあわただしい準備期間でした。それにもかかわらず二四五名もの参加者を得られたのは、やはり八月の総選挙で民主党は大勝利をおさめ、悲願の政権交代を成し遂げたことや、この選挙で、じつは私も候補者選定に関与し、みごと当選させて国会に送り出したことと無関係ではありませんでした。

候補者選定についてはのちほど触れる機会もあろうかと思いますので、ここでは省略させていただきますが、私が推薦した候補者が当選したことも、国会訪問のモチベーションをいっそう高めてくれたのも、事実です。

おばさん軍団は声かけに街を走る。私は観光バスの手配で私鉄会社との交渉やら小沢一郎の個人事務所であるチュリスト赤坂まで乗用車を飛ばし、上京する機会が多くなっておりました。

茨城一新会「国会に行こう」 平成21年11月24日

青木愛議員に会えておばさん軍団は大はしゃぎ

この時も対応してくださったのは秘書の馬場慶次郎さんでした。日程や国会議事堂内での見学コース、応対してくださる議員のかたがたとの懇親会、休憩、食事——。こまごまとした打ち合わせにもかかわらず終始丁寧に応じてくださり、馬場秘書には本当に頭が下がるおもいですわね。

十一月二十四日午前九時、七台のチャーターバスが集合場所の牛久地区、龍ヶ崎地区、筑西地区などに勢揃い。大型観光バスがぞろっとならびますと、さすがに壮観なものでございます。バスのフロントガラスには『茨城一新会・国会へ行こう』と記したステッカーが貼られておりますからその思いをいっそう強くいたします。

私は一号車、先頭車両に乗り込みました。ただし私もふくめて国会議事堂を訪問するのは初めての体験、というかたがたが大半。ですから車内はまるで小学生が遠足で動物園にでも行くような気分。さすがにライオン、ゾウ、キリンなどの話はでないものの、あの議員はどうの、この議員はどうだのと、仕入れたばかりの議員のゴシップで盛り上がっておりました。

国会議事堂には午前中に到着。さっそく二四五名が議事堂内を案内されました。本会議場の議長席や大臣席。それにむかって半円形にならんだ議員席。テレビを通してどれも見慣れていたはずですが、やはり画面で見るのとナマで見るのとでは受ける印象がちがい、実感がともないますわね。

議事堂も見ものでしたが、見学する私たちのすがたも見ものじゃなかったかしら。なにしろ二四五名がつらなっているのですから大名行列さながら。先頭から最後尾まで十数メートルの行列になりましたから、案内してくれた馬場秘書もさぞかし汗だくだったことでしょう。

❖――名刺も小沢とのツーショット

けれどこれなどはまだまだ序の口でしたわ。大変だったのは、議事堂からいったん外に出まして議事堂の正面入り口の前に集まってからのことでした。

そこにお待ちかねの小沢一郎民主党幹事長をはじめ三輪信昭、石川智裕、青木愛の各議員がそろってすがたを見せてくれたからです。

「うぉーっ」という歓声がどよめき、参加者全員が一斉に小沢一郎を取り囲むと期せずして今度は「バンザーイ」と、三唱の声が挙がり、しばし前庭にこだまいたしました。むろんこの声援は、民主党に政権交代をもたらした小沢一郎の政治手腕を称えたものでした。

小沢一郎も終始上機嫌。つぎつぎと求められる握手や写真に笑顔でこたえ、サービス満点。そこには無愛想で突《つ》っ慳貪《けんどん》なイメージの小沢一郎などかけらもないこと、いうまでもありません。

私も、もちろんこのなかにおりましたわよ。国会議事堂の正面玄関をバックに小沢一郎とのツ

感激の瞬間

ーショット。ばっちりカメラにおさめていただきましたわね。

グレー系のジャケットに、これまた真っ赤なブラウス。やや派手めの勝負服で決めてみました私に対して小沢一郎も同じくグレー系のスーツでお出でくださいました。

現在、皆様にお渡ししております私の名刺、この名刺のデザインを一新させたのも、じつはこれが契機でした。

名刺の表を見ますと、国会議事堂を背景に私と小沢一郎が肩を並べて撮りましたカラーのツーショット。そして、

「茨城一新会『国会へ行こう』」

と白抜きの文字が描かれております。

裏側を見ますと。

「茨城一新会小沢一郎後援会〝偉大なる政治家〟」

と印刷し、

「会長畑静枝」

となっております。

そのせいでしょうか、私のこの名刺を受け取りますと、たいがいのかたはしげしげと名刺を見

つめます。そしてやがておもむろに表から裏に返してみますわね。

これって、それだけインパクトがあるってことかしら、私の名刺には。もっとも、小沢一郎とのツーショットを堂々と刷り込んだ名刺をつくってしまうなんて、たくさんおります小沢シンパのなかでも、おそらく私ひとりぐらいかもしれませんけどね。

ひとしきり議事堂の前庭で小沢一郎の歓迎を受けたのち、さらに私たちは、歩いて数分のところにあります憲政記念会館に移動いたしました。

憲政記念会館とは、憲政擁護や普通選挙の制定に貢献したことから「憲政の神様」といわれた、戦前のリベラル政治家の尾崎行雄氏を顕彰した建物だそうですわね。白い外壁の記念館の正面にある池のほとりには、右手でソフト帽をやや高くかかげ、左手でステッキを突いた尾崎行雄のブロンズ像が国会議事堂に向かって建っておりました。

憲政記念館の予約や食事の手配などは馬場秘書がお骨折りくださいました。食事の場で、三輪議員からご挨拶を頂戴いたしました。三輪議員には、私たちが茨城一新会を立ち上げた時から顧問を引き受けていただき、何かとお世話になっております。

十一月も下旬になりますとぐんと日脚も短くなり、食事がすむころには太陽も次第に西に傾きはじめ、帰り支度をせかされているようでした。

国会訪問団245名を引率

大型観光バス七台、二四五名。これだけの国会議事堂訪問団は久しく例がないとのことです。それを茨城一新会はやってのけました。小沢一郎に対する私たち会員の思いがいかに強烈なものか、これだけでも十分におわかりいただけたと思います。

私も、念願であった国会訪問が無事に実現し、久しぶりに心地よい達成感にひたることができましたね。

（4）立候補者選定にも関与

さきに述べましたように、二〇〇九年八月の総選挙に際し、私も立候補者の選定に直接タッチしておりました。

❖――小沢一郎から候補者選定要請

第四十五回衆議院議員選挙の投票日は八月三十日。この選挙で自民党に打ち勝ち、政権奪取をはかる決戦の場と位置づけていた小沢一郎民主党幹事長は、不退転の決意で臨んでいたものと思います。

それといいますのは、総選挙に先立つ三カ月ほどまえの五月十一日、東京地検特捜部は、西松建設の裏ガネが小沢一郎の資金管理団体である『陸山会』に献金されたとして大久保隆規公設第一秘書を政治資金規正法違反容疑で逮捕し、小沢一郎のイメージダウン、あるいは民主党の躍進阻害を狙うかのような暴挙に出たため、これを跳ね返す意味からも是が非でも勝たなければならないという事情があったのです。

じっさい大久保秘書の逮捕で小沢一郎は民主党代表を辞任しましたし、世田谷区深沢の自宅周辺には右翼団体が押しかけ、「小沢辞めろ!」「売国奴!」といった罵声を浴びせるなど、楽観を許さない状態に民主党は立たされておりましたからね。

だいたいなら、立候補者の選定などおそれおおく、そのような大役はお受けできませんといって引き下がるところです。茨城一新会はあくまで小沢一郎の支援団体であって政治家を育成したり国会に送り出す団体ではありませんからね。でも、小沢一郎からじきじきの依頼となれば放るわけにはまいりません。私もひと肌脱ぐことになってしまいました。

八月十六日、私は小沢一郎から直接電話を頂戴いたしました。

「北関東ブロックが空っぽなんだ。一日で比例代表の候補者を何人か挙げてくれ」

「どうしてですか?」

こう、私は聞き返しました。私に候補者の依頼なんて、最初はピンとこなかったからです。けれど、小沢一郎が茨城県の民主党県連に依頼の連絡をいれたところ該当者なしといわれたので急遠私に連絡をした、ということで納得ができました。

「女性かしら、男性かしら」

「どっちでもいい。とにかくいそいでるんだ。よろしく頼む」

このような対応ができますのも、茨城一新会の設立を契機に私の周辺には良くも悪くも、有象無象の人たちが次々と接近したことと無関係ではありませんでした。

❖――詐欺師も接近

茨城一新会の設立をこころよく思わないものから、いやがらせの電話があったことは前にも述べました。けれどこれだけではありません。とうとう詐欺師まであらわれましたわね。

それといいますのは、私と二、三度会ったことをいいことに、「茨城一新会会長補佐」などという、ありもしない肩書を勝手に刷り込んだ名刺をばら撒いて東北地方の住民から数千万円にものぼる多額のカネをだまし取ってドロンした男もいれば、私の知らないあいだに、わたしのここの住所を宗教法人の本部所在地にし、霊感商法だかなんだか知りませんが、あやしげな新興宗教をデッチあげて信者からカネをまき上げようなどと、不届きなやからも接触してまいりましたからね。

とにかく会長、まして小沢一郎を支援する一新会の会長ともなると、あたかも砂糖に群がる蟻のように、私の名前や肩書、あるいは小沢一郎の名前を利用して甘い汁を味わおうとたくらむ海千山千の手合いが絶えません。

もちろんそうではない、信頼できる人物もいなくありません。現に私は、茨城一新会の会員である二名の若い男性を小沢政治塾の塾生に推薦しております。

小沢一郎政治塾は、日本の将来を担うとの気概をもった政治家の育成を目指して発足いたしました。とはいってもこれがなかなかの狭き門。入塾には衆議院議員二名の推薦が必要。おまけに一回当たりの募集人員が三十五名。年齢は二十五歳から三十五歳まで。このような制約がありますのでなかなか厳しいようですね。お二人とも現在三十代。前者は小沢政治塾の七期生。卒塾後の現在は市会議員として活動中。後者は十一期生。現在茨城県北部で歯科医師をなさっております。小沢政治塾でみっちり鍛えられたのをかてに、将来は国政の檜舞台に打って出ようという、じつに頼もしい青年達ですわよ。

このように私の周辺にはさまざまな人物や情報があつまっておりましたから、小沢一郎の、急な要望にも十分対応可能でした。実際その場でただちに三人の氏名を小沢に伝えましたからね。二名は現役の市会議員。一名は、私が経営しております特別養護施設の職員。いずれも男性でした。

でも、じつを申せば、当選した二名を推薦したことが、私にとっては生涯の汚点であったといまも悔いております。それといいますのは、小沢一郎の引き立てによって国会議員に当選したにもかかわらず、一名はそのまま民主党に残留し、一名は小沢とともに民主党を離党して『国民の生活が第一』に参加したものの、とんでもないワルだったことがわかったからです。その人物は、じつは私が推薦したこの国会議員だったんです。

❖──茨城一新会の選挙力もフル回転

私も衆議院選挙にはなにがなんでも勝たなければと念じ、その点でも小沢一郎と思いは同じだと思います。また、勝つにちがいないという確信も抱いておりました。

「選挙の神様」「選挙の達人」……。

これは小沢一郎に冠された〝名誉称号〟です。そのため私も、小沢の勝負強さを信じて疑わないひとりでございます。

たとえば一九九八年七月におこなわれた参議院選挙。このとき小沢一郎は新進党を解党して自由党を結成してから六カ月ほどしか経っておらず、壊し屋のイメージや剛腕のイメージが人々の記憶にまだあざやかで、メディアは小沢苦戦を伝えておりました。ところがどうでしょう。五二〇万票を獲得し、六議席を確保。メディアの下馬評をみごとにくつがえしてくださったじゃありませんか。

二〇〇〇年六月におこなわれた総選挙でもそうでした。政治評論家や政敵から、「終わりだ」「最後だ」「再起不能だ」、このように痛罵を浴びせられた小沢一郎でした。けれどそれにもかかわらず比例代表で六六〇万票という、じつに驚異的な票を集め、自由党は四議席増の二十二議席に伸ばしてくれましたわね。

評論家や政治のプロがなんといおうと、国民の、小沢一郎に対する信頼、期待は揺るぎません。六六〇万票、つまり六六〇万人が小沢一郎を支持してくださった。これが何よりの証拠です。

茨城一新会設立当初は選挙カーを所有しておりませんでした。けれどその後、茨城一新会は政治団体なのだから選挙カーの一台ぐらいは必要じゃない、という意見もでてまいりましたので、軽四輪を購入いたしました。けれど軽では車内がせまく、それに酷使しますので、一年ほどでシルバーメタリックのワンボックスカーに替えたのです。

屋根には「茨城一新会」と大きな看板を掲げ、窓には小沢一郎の顔を刷り込んだポスターを貼っておりますから、目を引くこと間違いなし、です。

二〇〇九年八月の総選挙のときも小沢一郎は窮地に立たされておりました。さきに述べたように、右腕とたのむ第一公設秘書が逮捕される。そのため民主党代表を辞任するといった逆風のなかでの選挙戦だったからです。それだけになにがなんでも勝たなければならなかったのです。

三人の比例代表候補者を推薦したものとしての責任もあり、いつにもまして私も選挙応援に力こぶが入りましたわ。そのせいかもしれません。投票日が迫るにつれてストレス性の不眠に陥ってしまったようなんです。けれど愚痴などいってる場合じゃありません。私の数十倍もの重圧に耐えながら小沢一郎は陣頭指揮を執っているのですから。

❖――勝利の美酒は民主党に

勝利の軍配ははたしてどちらに挙がるかしら。自民党？　民主党？

決戦の日がいよいよやってまいりました。選挙カーをフル稼働し、連日声をからして応援に駆けまわったおばさん軍団の、日焼けした顔のほか、おもだった茨城一新会のメンバーが我が家の事務所に集まり、五十二インチのテレビ画面に目を凝らしておりました。画面からは全国各地の開票結果がリアルタイムで伝えられ、民主党候補の当選あるいは当選確実がアナウンスされてきます。そのたびに歓声と拍手が起こりました。

かくして開票は粛々とおこなわれ、勝利の軍配は民主党に挙がりましたわね。公示前は一一五議席だった小選挙区は二二一議席にほぼ倍増。比例区でも八十七議席を獲得し、合計三〇八議席。まさしく歴史的大勝利をおさめました。ただし、私が推薦しました三人のうち二人は当選、一人は落選してしまいましたわね。

民主党は悲願の政権奪取を達成し、翌九月十六日には鳩山由紀夫内閣が発足いたしました。

「選挙の神様」

単なる伝説でも、神話でもないことを小沢一郎はこの総選挙でも証明してくれました。したが

青木愛議員と幹事長室で

って彼の功績を称賛してしすぎることはありません。それにもかかわらず、小沢一郎の受難はおわるものではありませんでした。一難去ってまた一難。むしろ苛酷とさえいえます。なんと今度は無慈悲にも、味方である民主党に後ろからバッサリとやられたからですわ。

第４章

これまでも、そしてこれからも小沢一郎まっしぐら

（1）党員資格停止処分と解除

❖――お願いです　先生！　と懇願すれど

二〇〇九年八月の総選挙で民主党は、戦後半世紀以上もつづいた自民党一党支配体制に取って代わり、鳩山総理を首班とする民主党政権を打ち立てました。そしてこの政権交代を実現させた功労者は小沢一郎にほかならず、これは衆目の一致するところです。

ところがその民主党は小沢一郎を幽閉状態に陥れましたわね。二〇一一年七月、小沢一郎に対して同党倫理委員会は、「強制起訴による裁判の判決確定まで党員資格停止」とする処分を断行したからです。

これはまさしく背後から、身内の者にバッサリと小沢一郎は袈裟掛けに切り殺されたに等しいといわざるを得ませんわね。なぜならば、強制起訴そのものがまったくデタラメな根拠に基づくものだったからです。

小沢一郎は二〇一〇年一月、政治資金規正法の件で東京地検特捜部から任意の事情聴取を二度、受けました。このときすでに公設秘書の池田光智氏や石川智裕氏が政治資金規正法容疑で逮捕されていました。

メディアは一斉に「政治とカネ」の論陣を張り、「小沢やめろ！」コールの大合唱をはじめました。国民のあいだにも、「説明責任」を求める声が日ごとに高まり、ワル小沢がとめどもなく増殖されてゆきましたわ。

猛烈な小沢バッシングに茨城一新会はただ沈黙するしかありません。とはいうもののそれにも限度があります。だから私は心のなかでこう叫んだのです。

〈お願いです先生、身の潔白を証明するためにも、なんとか言ってやってください。これは私だけではなく、茨城一新会全員の総意です〉

しかし小沢一郎はあくまで冷静でしたね。

「もともとないものを、どう説明しろっていうんだ。言いたいものにはいわしておけばいい」

事実、その後も小沢一郎の沈黙はかわりませんでした。

特捜部の事情聴取は、秘書たちがおこなったといわれる世田谷区内の土地購入資金に関する政治資金収支報告書の虚偽記載に小沢一郎は関与していたのかどうか、というものでしたね。けれど二度にわたる事情聴取の結果、小沢一郎の関与は認められず、特捜部は嫌疑不十分としたのです。東京地検もこの判断を受け、小沢不起訴を決定したのです。二〇一〇年二月四日でした。

ところがこれを不服とするある市民団体が、小沢が不起訴となった翌日に東京第五検察審査会に審査の申し立てをおこない、受理されたのでした。

東京検察審査会は東京地検の三階にあり、第一から第六まであるのだそうですわね。第五検察審査会は市民団体の申し立て受理から約三カ月後の四月二十七日、「起訴相当」を議決いたしました。

❖──なにがなんでも小沢を法廷に

そのため検察側は再捜査するのですが、結果はやはり不起訴となりました。けれどなにがなんでも小沢一郎を刑事被告人に仕立てて法廷に引きずり出し、抹殺しなければ気がすまない第五検察審議会の面々はなおも執拗に、「起訴相当」とする二回目の議決を九月十四日に致しました。

これを受けて三名の指定弁護士は二〇一一年一月三十一日、またしても東京地裁に強制起訴したのです。

かくして小沢一郎は刑事被告人として法廷に立つ身となってしまいました。けれど先に述べましたように、そもそも強制起訴そのものがまったく根拠のない、デッチ上げにすぎないものなんですね。それというのは、まず検察審査会の不可解さです。

検察審査会は十一名のメンバーで構成されております。しかし、かりそめにも司法の専門家である検察庁が不起訴とした案件を、法律にどこまで精通しているか疑問のある一般国民が審査することがはたして妥当といえるかしら。

そのためこの疑問を、『小沢一郎議員を支援する会』は二〇一〇年九月、質問状というかたちで東京検察審査会事務局に提出いたしましたわね。この支援する会は、小沢一郎と同じ小石川高校の同窓生、区議会議員、評論家、主婦などによって二〇一〇年五月に設立された市民グループですわ。

私の手元に、支援する会が検察審査会に提出しました質問状がございますので、おもなものだけ挙げてみますわね。

一、米沢敏雄弁護士は審査補助員として小沢一郎の「強制起訴」を議決したが、米沢弁護士はどのような方法で選ばれたのか。
二、検察審査会の審査委員は有権者名簿からくじ引きで、無作為に選出するといわれているが、どのように選出するのか説明してください。

支援する会は文書での回答を求めました。けれど東京検察審査会は約二十日後、文書ではなく電話で、つぎのように回答したというじゃありませんか。その回答も私の手元にございますので、見てみましょう。

「具体的な審査事件については、質問に回答することはできない」

「検察審査会の事務局、補助弁護士、審査委員の選出方法等については、検察審査会法第二十条に書いてある通りである」

これがまともな回答といえるかしら。このように国民の目には届かない密室で、罪なき国民を犯罪人に仕立てあげるのかと思うと、そら恐ろしさに背筋が凍りますわ、私などは。けれどこのようにして小沢一郎は法廷に引っ立てられるのですから、これをデッチ上げといわず、なんといえばよろしいのでしょう。

これだけでも検察審査会の横暴は許しがたいものがありますが、それ以上に私が憤りをおぼえますのは民主党の対応ですわね。ずさんな方法で刑事被告人にされ、いわば冤罪ともいえる小沢一郎であるにもかかわらず、抗議、あるいは擁護するどころか検察側の小沢抹殺に加担し、『党員資格停止』処分の追い打ちさえ加えたからです。そのため私は、民主党の地獄への転落はこのときに始まったと思っています。

けれど二〇一二年四月二十六日、東京地裁は良識ある判決をしてくださいました。

「被告人は無罪」

小沢一郎の冤はそそがれたのです。

じつはこの判決が出る直前の四月二十三日、私は、茨城一新会主催による時局講演会として三輪信昭民主党議員、松木謙好新党大地・真民主議員、それに元週刊誌の編集長三名を牛久市内の会議場にお招きし、お集まりいただいた六十名ほどのかたがたの前で、『地獄に墜ちた民主党』というタイトルの講演と、小沢一郎裁判の行方などについて、ディスカッションをしていただいたのです。

多忙ななか、お二人もの国会議員を田舎町にお呼び立てしましたが、このようなことが可能なのも、日頃から親しくお付き合いさせていただいているからこそです。

しかし検察審査会はこの東京地裁の判決をなお不服としてさらに東京高裁に控訴しました。ところがどうですか、一審判決から約半年後の十一月十二日の控訴審判決でも小川正統裁判長は小沢一郎に対して、「一審で審理は尽くされた。元秘書との共謀を否定した一審判決は正当だ」として明快な無罪判決を下したではありませんか。いかに検察審査会がシロいものをクロいといいくるめようと、シロいものはあくまでシロいのです。

（2）バカ鳩ズル菅ワル小沢

❖――口先番長物欲番長なんでもあり

私たち茨城一新会、とりわけなにかと口さがないおばさん軍団の議員評価の辛辣さときたら、男性会員も舌を巻くほどですね。

前原誠司氏は、国土交通大臣に就任と同時に群馬県の八ッ場ダム建設凍結を決定し、颯爽たる姿勢を見せてくれました。ところが関連自治体から建設続行のブーイングでとたんにトーンダウン。このことから彼には口先番長の異名がつけられました。

これにならっておばさん軍団も、つぎつぎとニックネームをくれてやりました、たとえばこのように。菅内閣で官房長官になりました仙谷由人氏は腹黒番長。同じく幹事長になった枝野幸男氏はいいわけ番長。のちに総理大臣になった野田佳彦氏は優柔不断番長。たちあがれ日本から離党して民主党にくら替えし、経済財政担当相になった与謝野馨氏は物欲番長……。

まだまだいるわね。安住淳元外務大臣、この方にはちびっこギャングを献上し、前出の枝野氏にはもうひとつ、成り上がり番長とおまけをつけてやりました。貧乏弁護士だったものが大臣になったとたん急に羽振りがよくなったからでした。

でも、これなどはまだおとなしいほうですわ。鳩山由紀夫氏、菅直人氏、小沢一郎、この三人も、おばさん軍団の手にかかれば容赦ありません。俎上に乗せてエィッヤー。たちまち一刀両断、小気味がいいです。

❖——バカ鳩ズル菅ワル小沢

「バカ鳩、ズル菅、ワル小沢」

まぁー、なんてお口が過ぎますこと……。

けれどなんですわね、言われてみると妙にピッタリしません？

バカ鳩——。鳩山由紀夫元総理大臣のことですが、ワシントン・ポストのコラムニストであるアル・カメン氏は、「ルーピー（間抜けな）総理大臣」と鳩山由紀夫氏を酷評しました。これは沖縄普天間基地の移転問題で見せた彼の迷走ぶりを揶揄したものですわ。その間抜けっぷりときたら、じっさいあきれるばかりの、見事さでしたものね。

沖縄には在日米軍基地の七割が集中しているといいますわね。そのため基地の負担軽減は沖縄県民の願いです。とくに普天間基地は市街地にあり、他の地域への移転は待ったなしです。ただし問題はどこに移転するかです。そこで鳩山総理は、

「国外、最低でも県外」

肩をそびやかし、このように大見栄を切ったうえに二〇一〇年三月五日までに政府案をまとめると、日限まで約束いたしました。ところがその日まで実現せず、三月十八日まで引き延ばしますわね。その日もやってまいりました。しかしここでも政府案は示されず、約束は反故になさいました。ここでまたしても鳩山総理は三月末までに、と言い換えます。でも結局政府案は示されず、揚げ句は、三月中の法案提出は法的に決まったものではないなどと開き直り、自分で日限を切っておきながらじつに平然としたものでした。

鳩山氏の迷走ぶりはこれだけではありません。総理大臣になられた直後の二〇一〇年十一月の普天間基地移転問題についてオバマ米大統領と会談し、早期決着をはかることで合意したのを受けて鳩山氏は、「私を信じてほしい」と述べ、基地移転に対する決意の固さを披瀝したものでし

た。しかし実際は早期どころか今もって決着しないありさまじゃありませんか。

このように言葉を二転三転させ、沖縄県民を翻弄しておきながら、テンとして恥じない鳩山由紀夫氏。おばさん軍団がバカ鳩の称号を献上しましたのはこのようなことからです。

もっとも鳩山氏といえば祖父の鳩山一郎氏は元総理大臣。父の威一郎氏は元外務大臣、弟の邦夫氏も衆議院議員と政治家一族の毛並みの良さ。まさに政界のサラブレットですわね。おまけに母親はブリヂストン創業者の石井正一郎氏の長女ときいております。そのため文京区音羽の鳩山会館や軽井沢の別荘、株、預貯金など保有する資産はなんと九十億円を下らないというじゃありませんか。私のような庶民にとっては想像を絶し、まことに結構なご身分です。

われわれしもじもの人間とは月とスッポン。住むところがちがいます。なのにやっている政治はまるでド素人。目も当てられません。鳩山氏の、一連の基地移転問題の発言で言葉の軽さは承知しておりましたが、けれどまさかこうまでとは思いませんでしたね。引退表明の撤回です。基地問題で墓穴を掘った鳩山氏はわずか九カ月ほどで総理大臣を辞任。辞任の弁がまたじつにふるっておりました。

「総理大臣まできわめた人がその後の影響力を行使することが政治の混乱を招いている。総理大臣を経験したものは政界に影響力を残すものではない」

ところがどうでしょう。その唇がまだ乾かない翌十一年一月、民主党の情勢変化を理由に引退表明をあっさり撤回。またまた言葉に対する無責任ぶりを見せてくれました。このようなことがおばさん軍団にはよくよく鳩ポッポのバカ鳩に見えてしまったんですね。

菅直人元総理大臣もそうです。鳩山氏に「ペテン師」とこっぴどくなじられましたが、じっさい罵声をあびようが、けなされようが政権にしがみつく姿はズル菅そのものでしたものね。

菅氏は鳩山退陣を受けて二〇一〇年六月八日に第四十九代総理大臣に就任いたしました。それから九カ月後の二〇一一年三月十一日、いわゆる三・一一東日本大震災が発生いたしました。三陸沖を震源地とするM9・0という超弩級の地震が発生。太平洋沿岸部に大津波が襲い掛かり、一万八千人もの死者・行方不明者を出すという、まさに未曾有の大震災でした。しかも福島県では東京電力第一原発が水素爆発を起こし、放射性物質が拡散するという悲劇がかさなり、被災住民は不慣れな避難生活をいまなお強いられている状態です。

地震も津波も人知を超え、避けられません。けれど災害をいかに最小限にくい止めるか、これは不可能ではありません。ところが菅元首相は、東京電力本店に乗り込んで職員を怒鳴りつけることはできても原発の放射能拡散をくい止める、肝心な対策は後手にまわり、いたずらに被害を拡大しました。

そのような菅氏に与野党から菅おろしの声が一斉に飛び出し、六月に入ると、ついに内閣不信任案がつきつけられました。そこで菅氏、「震災や原発事故の収束に一定のメドをつけた段階で、若い人に責任を引き継いでもらいたい」といい、辞意を表明しましたね。

これで私たちの関心は、では、一定のメドとはどのような状態をいい、それはいつか、という点にむけられました。ところが菅氏は言質を与えず、やめる気配もなし。そのため菅おろしの声はますます激しくなりました。そのためやむなく菅氏は、一定のメドとは、

「今年度の第二次補正予算案の成立、特例公債の成立、再生可能エネルギー特別措置法の成立」

これらを挙げましたね。退陣表明からほぼ二十日後の六月二十九日でした。

こうまではっきり辞任の条件を示しておきながら十日ほど経った七月六日、「やめるとか、退陣するとか、そのような言葉を私自身、使ったことはない」、と突如態度が豹変し、なおも政権にしがみつくありさまでした。この居直りには私たちもあきれ果てたものでしたが、鳩山氏もさすがに唖然として、「ペテン師」と、菅氏をはげしくなじりましたね。

一国の最高権力者である内閣総理大臣がペテン師呼ばわりされ、屈辱されたのでございます。それでもなおいけしゃーしゃーと菅総理は居座りつづけました。このような場合、日本語では

「厚顔無恥」と申しますわね。

私たちはここに菅直人氏の、まさにズル菅の厚かましい姿を見たものでした。ちなみに菅氏は、先の法案成立を受け、八月二十六日に辞任いたしました。辞任表明からほぼ三カ月後、よくぞ粘ってくださいましたね。


ワル小沢――。こちらはすでにる申し上げてまいりました。つまり「剛腕」「壊し屋」「カネに汚い」「政策より政局」「闇将軍」――とまあこのようなことですね。

小沢一郎は宮沢喜一内閣に不信任案を提出したのを機に自民党を離党して新生党を結成。これを皮切りに新進党、自由党、民主党、そしてさらに二〇一二年七月には国民の生活が第一を結成。さらに四カ月後にはまたも日本未来の党を結党。ざっとこのような経過をたどり、結党と解党を繰り返してまいりました。

古い家を撤去し、新しい住まいを建てる。日本語ではこれを壊す、といいます。これにならえば小沢の一連の行動はまぎれもなく「壊し屋」に違いありません。そして壊し屋という言葉には負のイメージがありますわね。だから「ワル小沢」なのですけど。でもどうかしら。この壊し屋を、新しい家をつくるため古いものを壊す、創造のための破壊と受け止めれば、かならずしも壊すことが悪ではない、そう思いません?

それを証明するのが、一貫した小沢一郎の政治姿勢です。所属政党は変わっても基本姿勢は変わりません。たとえば自民党所属時代に上梓した『日本改造計画』で小沢一郎は、日本が「普通の国」として国際社会で果たすべき責任を問いました。この問いはやがて自衛隊のPKO活動となって実現し、今日では各方面から高い評価を受けているのはご存じの通りです。

新生党時代には企業献金の見直し、カネのかからない選挙を目指して小選挙区、政党助成金などを導入。自由党時代には衆議院議員の定数を削減し、「身を切る改革」を主導したではありませんか。民主党時代には「国民の生活が第一」をマニフェストにかかげ、農家の戸別所得補償、子ども手当を実行する一方、事業仕分けなどで不要不急の事業凍結を断行。蓮舫議員のあざやかな手捌きはいまも深く印象に残っているじゃありませんか。

これらのことから私たちにわかりますのは、小沢政治は国民重視、生活者重視でつらぬかれている、ということではないかしら。

もちろんまったく変更がないわけでもありません。民主党の離党理由は消費税増税を強行する野田佳彦首相の公約破りでしたが、じつは小沢一郎も自民党時代、はやくも消費税率10%を唱えたり、新生党時代にも、福祉目的税と称して税率7%を主張しております。

ところが野田政権のときにはこれに反対し、離党までしてしまいます。そのため一貫性をいぶかる声もなくはありません。けれど疑問の声に対しても、増税はデフレ経済からの脱却が前提と述べると同時に小沢は、教育、医療、福祉、年金など社会保障の充実とセットでおこなうとしており、単に増税のための増税でないことを知らなければ、と私は思うのです。

社会的経済的情勢の変化で主張の変化や言い換えはよくあること。小沢一郎の主張も変化がないわけではありません。ただし変節まではしておらず、基本は揺るぎません。

だからかえって小沢一郎は嫌われ、「ワル小沢」にされるのですわ。つまりスキがないからメディアは突き入るスキをつくるということですね。二〇一二年六月二十一日号の週刊文春が、夫の小沢一郎に離縁状を突き付けたとする和子夫人の肉筆の手紙を報じたことなどが典型的な例ではないかしら。

（3）小沢離婚の真相

❖――週刊誌報道の裏には

週刊文春の記事には非常に大きなショックを受けました。

だってそうじゃありませんか。ひとつ屋根の下に四十数年も暮らしていた熟年夫婦が突然離婚するとおっしゃるのです。これだけでも「えっ、なぜなの?」、こう思わせるのに、しかもそれが小沢夫妻というじゃありませんか。私にしてみれば、全幅の信頼をおいていたお二人だけにこの驚きは二重にも三重にもなって襲ってきましたね。

では、和子夫人が小沢一郎に突き付けたとする離縁状とはどのようなものでしょう。週刊文春の記事によりますと、和子夫人は、小沢一郎との離婚に踏み切った経緯や心情を十一枚の便せんに手書きでしたため、それを岩手県内の支援者に郵送したものといいますわね。週刊誌に記事が掲載されますと、さらに今度は手紙をコピーしたものが、あたかも紙爆弾となって衆参両院の全議員にバラ撒かれましたから波紋は政界にまで広がりましたわ。

もちろん政界だけではありません。テレビのワイド番組やほかの週刊誌も後追いし、離婚騒動をいっそう煽ったものです。

それにしましても私が不思議でならないのは、なぜこの時期に手紙が公表されたか、ということです。なぜかといえば、和子夫人が支援者に手紙を送ったのは二〇一一年十一月というじゃありませんか。それから週刊誌で報じられるまで約六カ月が経っています。このあいだに手紙の真偽や関係者の裏取りについやしたとしても、公表しようと思えばもっと早い時期にできたのではないかしら。

けれど結果的に六月二十一日号となりました。そのため私はそこにある種の意図が週刊誌サイドにあったのでは、そう思えてならないのです。ズバリ申し上げれば、小沢〝追い落とし〟です。

このように考えれば、この時期に公表した理由も納得できます。それというのは、春ごろから小沢一郎は消費税率引き上げ法案反対で野田佳彦内閣と対立し、次第に民主党脱退もささやかれはじめました。スクープ記事を報じるにはまたとないチャンス到来です。つまり「剛腕」「壊し屋」にもうひとつ、離婚という絶好のスキャンダルをぶつければ小沢一郎のイメージ低下はいっそう増幅し、あわせて読者の関心も引き付ける、まさに一石二鳥、三鳥もの相乗効果が期待できるということですわね。じっさいその通りになったようです。週刊文春はほぼ完売だったというじゃありませんか。

❖――離婚の真相

ビジネスであるかぎり売れなければいけません。売るためにはもっともよいタイミングに報道するのは当然のこと。したがって週刊文春の行為を謀略などと申し上げるつもりはございません。けれど、このようにはいえるのじゃないかしら。この離婚スキャンダル、小沢追い落とし第三弾、と。

世田谷区内の土地購入資金をめぐる、いわゆる「政治とカネ」の問題で東京地裁の被告席に立ったのが第一弾とすれば、消費税問題で野田政権に公然と反旗を翻し、民主党を除名されたことが第二弾、そして第三弾が離婚スキャンダルですわ。

しかしなにゆえ週刊誌はこうまでして小沢一郎を追いやろうとするのでしょう。小沢を悪者にして喜ぶのは小沢嫌いの議員や既得権益者かも知れませんが、それに対して小沢は一言も抗弁もしなければ告発もしません。打たれっぱなし、叩かれっぱなしじゃないですか。小沢一郎を支援するひとりとして、なにか釈然としないものを抱かざるを得ません。

私も奥様から何度となく肉筆の手紙をいただいてますので、週刊誌にのった手紙の文字と私に届いた奥様の手紙の文字を比較してみてました。やはり文字は違うのではないかと思ってもいます。

離婚の真相はともあれ、夫婦の関係というものは二人にしかわからないものもあります。それを他人がとやかくいうべきものではないでしょう。まして政治家の小沢夫妻ともなれば長くきびしい人生を歩んでこられたお二人です。それを思うと週刊誌に掲載されること自体、悲しいことです。

（4）これからも小沢一郎まっしぐら

❖――新党立ち上げに期待

二〇一二年七月二日、小沢一郎はこころざしを同じくする衆参両院議員四十数名を率いて民主党を離党いたしました。これはしごくまっとうな選択であり、私はもろ手を挙げて賛成しました。離党の理由は、デフレ経済のなかで消費税率の引き上げを認める野田佳彦首相の、社会保障と税の一体改革法案に反対するというものでした。

消費税増税は民主党が国民に約束したマニフェスト破りにほかなりません。二〇〇九年八月の衆議院議員選挙で民主党は「国民の生活が第一」「コンクリートから人へ」――というマニフェストをかかげ、自民党がおこなってきた政官業癒着構造、ハコモノ事業、対米追随、派閥政治―

―これら古い政治からの脱却を訴え、悲願の政権交代をはたし、国民の期待に応えようとしたじゃありませんか。ところが三年後の民主党はいったいどうでしょう。「国民の生活が第一」などどこ吹くかぜ、かけらすらございません。マニフェストに書かれてもいない消費税率引き上げを決定。国民生活に負担を強いるありさま。そのうえ米国の圧力にあっさり屈して原発の再稼働を容認し、国民の意志である脱原発に背中を向ける。あるいは十分な安全が担保されないオスプレイの常駐を認める。議員定数削減など身を切る覚悟もかけ声倒れ。自民党政権よりもっと露骨な米国追従。どこに民主党らしさがありますか。そのような民主党と決別し、新党立ち上げを選択した小沢一郎こそ国民の意志に沿った行動と、私は思いますし、期待もいたしますわ。

ですから民主党離党から九日後の七月十一日、つまり新党の『国民の生活が第一』が結成された日ですが、この日の早朝、東祥三議員からこのような電話を頂戴したときは、久しぶりにスカッとした気分になりました。

「今日、新党を立ち上げることになりましたので皆様のご協力を今後ともよろしくたのみます」

東議員といえば、小沢一郎が右腕とたのむ最側近。新党では幹事長におなりになりました。ゆたかな顎髭がすっかりトレードマークになりましたわね。いつでしたか、伸ばしはじめた理由を

東祥三幹事長、茨城一新会事務所を訪問

うかがったことがありました。そしたらこのようにお答えになりました。

「震災復興のメドがたつまでひげは剃らないと被災地の皆様と約束したので、のばしているんです」

このように宣言しておりますから、しばらくは髭面の東議員を見ることになりそうですわね。それにしてもどうでしょう、東議員のこの頑固さ。小沢一郎も顔負けの、なかなかの〝剛腕〟ぶりじゃありませんか。

ところで、東議員からなぜ朝の早くから私に電話を、と怪訝に思われるかもしれません。じつはこの電話を受ける二カ月ほど前の五月十五日、私はおばさん軍団とひとりの男性を引き連れて衆議院議員会館を訪問し、午後二時から一時間ほど東議員と面会していたんです。むろん用件は、四月二十六日の東京地裁での無罪判決後における小沢一郎の動向や消費税引き上げ問題、震災復興問題、エネルギー問題など、山積する政治テーマにどのように対応するおつもりなのか、それをうかがっておりました。この話のなかで東議員はこのようにおっしゃったのです。

「議員の歳費削減、議員定数の是正など、身を切る政策にはまったく手をつけず、国民に痛みを押しつける消費税増税に政治生命をかけるとはいったいどういうことか」

消費税率引き上げに前のめりの野田佳彦総理大臣の政治姿勢をするどく批判なさっておりまし

た。そのため私は、ひょっとすると、これはひと波乱ありそうだな、と思ったのです。ただしそれが民主党離党、新党結成とまでは想像してませんでしたけどもね。私が思い描いたのは、あくまで民主党にとどまり、選挙で得た国民の意志にいまいちど立ちかえる、そのような民主党の原点回帰をもとめる活動をなさるのでは、というものでしたからね。

東議員の言葉は、小沢一郎の発言を反映したものです。そしてその時にはすでに東議員は民主党離党、新党立ち上げの覚悟ができていたのかもしれません。東議員が私にかけてこられた早朝の電話も、したがって面会の時に語ったことが念頭にあったからにちがいありません。

❖――これからも小沢一郎まっしぐら

いずれにしましても、東祥三議員の要望に待つまでもなく、茨城一新会はこれまでも、そしてこれからも小沢一郎まっしぐら。小沢一郎と茨城一新会は一蓮托生。いかなる場合でも運命をともにする所存ですから一致結束して小沢一郎をささえていくことにいささかの迷いもございません。すくなくても私が茨城一新会の会長であるかぎりは。

そのため小沢一郎が民主党を離党すれば私たちも民主党党員を返上し、『国民の生活が第一』という新しい政党を結成すれば、そちらの政党に籍を移します。

茨城一新会の設立記念式典のとき、メディアの取材を受け、「一新会は民主党支持グループか」、このような質問を受けました。これに対して私はこのようにきっぱりと、お答えしたものです。

「私たち茨城一新会は小沢党であり、それ以外何党でもございません」

私たちにとって、どの政党に所属しようと、あるいは新しい政党を立ち上げようと、それはそれでいいのです。あくまで私たちは小沢一郎を支持し、背後からささえるために設立された団体ですから。

『国民の生活が第一』という新しい政党を立ち上げることで、私の事務所から民主党に関連するポスターやのぼりなどすべて撤去しましたのもそのためです。

民主党にかわって「国民の生活が第一」とプリントした白色のTシャツを以前からオーダーしました。さらにポスターや看板も新たに模様替えをはかりました。小沢新党との足並みをそろえる準備はすでにあらかた整い、あとは小沢一郎から臨戦態勢の指示を待つばかりです。

❖――小沢首相待望論

さきに述べましたように、茨城一新会はこれからも小沢一郎をささえつづける所存ですし、このことに変わりはありません。ただ、茨城一新会、とりわけおばさん軍団に根強くある小沢首相

「国民の生活が第一」の結党式典で挨拶する東祥三幹事長

待望論、これについてどのように対応すればよろしいのか、私が苦慮するのはこのことでございます。

おばさん軍団の長老格である八十数歳の会員などは、「小沢一郎が総理大臣になるまでは死んでも死にきれない。なにがなんでも総理大臣になってほしい」と、小沢首相誕生を一途なほどに信じているんです。

もちろん、なにを隠そう私だってそのひとりです。はたして小沢一郎は内閣総理大臣になるのかならないのか。はたまた、なりたいのかなりたくないのか……。

小沢一郎と出会ってすでに二十数年。あたかも魚の小骨がのどに刺さったように、このことがずっと私のこころに引っ掛かり、気を揉む日々がいまもなおつづいております。

前にも触れましたが、小沢一郎が総理大臣になれた機会はいくどかあったでしょう。まず最初は、四十七歳で自民党幹事長に就任したときでした。幹事長といえば党内序列第二位。次の総理総裁が約束されたようなものですわね。じじつ、当時経政会の会長で自民党の実力者でもあった金丸信氏は、海部内閣退陣を受けて小沢一郎を首相候補に担ごうとしました。けれど小沢一郎はこれを断りました。理由は、四十七歳という若さもあったでしょう。派閥政治のコマに利用され、実質のともなわない、名目だけの総理大臣にはなりたくない、という理由もあったかもしれません。

次は、民主党が二〇〇九年八月の総選挙で政権交代を果たしたときですわね。民主党が第一党に立った功労者は小沢一郎であり、彼の選挙戦略が功を奏したからにほかなりません。したがって小沢一郎が内閣総理大臣に就いてもなんら不思議はございません。ところがそうはなりませんでした。総理大臣のイスは鳩山由紀夫氏に譲り、自分は幹事長となって党務に専念する道を選びました。

二〇一〇年九月の民主党代表選、この時が三度目のチャンスでした。代表選には菅直人氏と小沢一郎が出馬いたしました。菅氏は、鳩山内閣辞任のあとを継いで民主党二代目総理大臣に就いておりました。けれど菅内閣発足直後の七月に行なわれた参議院議員選挙で惨敗。たちまち党内では菅内閣責任論と小沢内閣待望論が沸騰しましたわね。私は民主党党員でしたから代表選に一票を投じました。もちろん記名は小沢一郎でした。けれど開票の結果、菅直人氏に軍配が挙がりました。

代表選に敗れたから難癖をつけるわけではありません。けれど、どうしても納得できないものが私にはございます。それは何かといいますと、投票のありかたです。

代表選にあたって私あてに民主党本部から投票用紙にあたる葉書が郵送されてまいります。そこで葉書に意中の人物の名を記入して送り返すわけです。問題は記入欄でした。

たとえば、国政選挙。投票する場合私たちはたいがい二つ折りにして投票箱に入れますよね。だれがどの候補者を記入したかなどわからないと知りながらも。ところが民主党の投票用紙は違う。記名欄がモロ見えなんです。だから葉書の差出人を見れば、「畑静枝は小沢一郎に投票」したということが選挙の立ち会い人にわかってしまうのです。そのため選挙の立ち会い人が、自分が支持する候補者と違う候補者を記入した投票用紙が届いたら事前に抹消してしまう、ということもけっして不可能ではない、このように疑うこともできるのです。

納得できないというのはこのことですが、そこで私は民主党本部に改善を申し入れたのです。投票用紙の記名欄にステッカーを貼るなどして投票した相手の氏名がわからないように配慮すべしと。

総理大臣になろうと思えばチャンスは何度かありました。それにもかかわらず小沢一郎はその座に就くことはありませんでした。そこで私は考えてみたんです。なぜかしら、どうして総理大臣をおやりにならないのかしら、って。

だってそうじゃありません？　政治家であれば、いつかてっぺんに立ちたい、国家の最高権力者として天下国家を自分の手で統治し、理想の国家を築く、このような野心があって当然じゃないかしら。ましてそれが手の内にあり、いつでもなれる至近距離にいたものであれば。けれど小沢一郎はそれを望もうとはしなかった。そうしてみますと、どうやら小沢一郎は総理大臣のイスには執着しない、このようですわね。したがって小沢一郎の関心は総理大臣ではない、むしろ幹事長のほうにこそある、ということを理解するようになりました。

幹事長として政務に専念する。専念とは、つまり政局との真っ向勝負のことですわ。政局とは、そして国家の行方を左右する政策を競い合う、いわば戦場ですわね。ですから幹事長は、政局という名の戦場で陣頭指揮を執る司令官ともいえます。

これに対して総理大臣は、戦場から挙がってきた情報、つまり法案ですが、これを総合的に取りまとめて国会に諮り、採決を得て執行する、いわば調整役であり執行官のようなものではないかしら。

それに総理大臣にお就きになりますとだいたいは一丁上がりですわね。総理大臣のイスから降りたさきに待ってますのは引退か名誉職のようなもの。政界での影響力は微弱なものになります。

その点で政局にいるものはちがいます。つねに戦場に立ち、矢面にさらされております。小沢一郎が選択したのは、したがって総理大臣のイスではなく、表舞台には立たないものの絶えず政局の渦中にあり、キーマンとして影響力を保持する「影の実力者」、こちらの道でしょう。

これを世間のひとびとは「寝業師」とかあるいは「闇将軍」などと申しまして、いかにも政界のボスのように思われております。けれどけっしてそうではないのですけれどね。むしろ小沢一郎が持っておりますカリスマ性のなせるわざ、私はこう理解しております。

小沢一郎も二〇一二年五月二十四日で御年七十。古希を迎えました。このようなことも考え合わせれば、小沢一郎首相待望論の転換、これもあり、かもしれません。このまま「闇将軍」として政界に君臨し、内外の政治情勢が予測不可能ななか、ますます混迷する政局に一石も二石も投じ、誤りなき国の進路を正確に指し示す、そのような存在でありつづける、これもまたよろしいのかもしれません。

それが期待できるのも小沢一郎、この政治家をおいてほかにないとなればなおさらですわね。そのような小沢一郎を、私も、そして茨城一新会も、しっかりとささえてまいる所存でございます。

とはいえ、とにもかくにも嫌われ、たたかれ、イジメまくられてる小沢一郎についてゆくのですから私たちもほとほと疲れます。

あとがき

『さあ、どうする小沢一郎』――このようなタイトルの手記をまとめてみました。

したがってこの手記は私と小沢一郎との出会いとその後のお付き合いを軸にしつつ私にかかわるそのときどきのエピソード、そして小沢一郎を取り巻く政治状況や内外情勢を織り込みながらまとめたものです。

本来、私的なことがらは自分の内にとどめ、おおやけにするなどつつしむべきかもしれませんね。

「ひとさまの生活や日常的なあれこれを知ったからって、それがどうしたっていうのよ。私に関係ないじゃない」

とまあ、たいがいはこう言われるのがオチですからね。

それにもかかわらずあえて私は構成者の協力を得て公表することに踏み切りました。それはいまの政治を見るにつけ、腹が立ち、黙ってはおれない、イラ立ちをおぼえるからですわ。じっさいこの手記をまとめている最中にも、私にとっては見過ごすことのできない大きな問題が起きました。それは何かといいますと、まずひとつは、消費税を増税して、率を現行の5％から10％に引き上げる問題です。

百円の買い物をしますと十円の消費税が徴収されます。この程度なら財布にそれほど打撃を与えませんから「まぁ、いいか……」、で過ごせましょう。けれどこれが一万円で千円、十万円だと一万円、百万円だと十万円。こうなっても「まっ、いいか」、でいられますか。

二つめは、尖閣諸島国有化に対する中国政府の強硬な態度と中国国民の横暴さですわ。

専門的なことはともかく、尖閣諸島は無人島であり、当時の清国政府の領土でないことを慎重に調査したうえで明治政府は日本固有の領土にしたというじゃありませんか。

ところが一九六八年、国連の関係機関が尖閣諸島の周辺海域を調査したところ石油や鉱物資源が豊富に埋蔵しているのがわかった途端、中国は領有権を主張しはじめましたね。

以来、「領土問題は存在しない」と日本が言えば、中国は、「釣魚島（尖閣諸島）は中国の核心的問題」とゆずらず、非難の応酬です。そのため日本政府は二〇一二年九月、民間人が所有しておりました尖閣諸島を二十億五〇〇〇万円で買い上げ、国有化いたしました。

けれどこれに中国が猛烈に反発。反日デモが連日のようにくり返され、暴徒と化した民衆が日系企業を襲撃し、略奪、破壊、放火……やりたい放題でしたわね。

このような時こそ外交力を発揮すべきものを、日本政府はなんら有効的な対応策がとれず、中国のなすがまま、略奪破壊行為を見過ごすありさまじゃありませんか。これを政治の怠慢といわず、なんといえばよろしいのでしょう。

それに原発問題もあります。小沢一郎は二〇一二年十月にドイツを訪問し、脱原発に舵を切ったドイツの現状をつぶさに視察してきました。そして我が国も十年をメドに脱原発を目指すと、国民に約束しました。このように脱原発の日限をきったのは『国民の生活が第一』だけで、ほかの政党にはないことです。

このようなことがこの本を書く、私の動機になったわけでございます。


ともあれ、本文でも申し上げてきましたように、私と小沢一郎との出会いは、小沢一郎が四十七歳で自民党幹事長に就いた直後の一九八九年十月でしたから、足掛け二十四年になりますわね。

あらためて振り返りますと、私が勝手に追いかけはじめてけっこう長いお付き合いです。この間我が国を取り巻く内外情勢も大きく変わり、いささかたりとも休むことなく歴史は不断に続いていることを実感いたします。たとえば二十世紀が終わり、二十一世紀へと人類の歴史が移行したのもそうですね。

二十世紀は戦争の歴史ともいわれます。じじつ、世界的な規模の大きな戦争を二度も経験し、たくさんの人々が犠牲になりました。わけても第二次世界大戦では約二二〇〇万人の戦死者と、約三四四〇万人の負傷者が世界で発生したといわれていますわね。このうち日本では軍人や一般国民の死者、行方不明者合わせて約二五〇万人に達します。

二十世紀にはこのような負のイメージがあります。そのため我が国は、戦争によるかずかずの過ちを教訓に平和国家として再出発することを宣言し、短期間で世界的な経済大国へと発展を遂げました。

けれどバブル経済の崩壊で右肩上がりで成長しつづけた戦後経済に陰りが生じたところに中国や韓国など後発の国々が経済力を高め、我が国に追いつき、追い越し、いまやすっかり逆の立場に立たされてしまいましたわね。

このように二十世紀が負の世紀とおっしゃるならば、はたして二十一世紀はどのような歴史をたどるのかしら。その試練に我が国は早くも立たされました。すなわち二〇一一年三月十一日、三陸沖を震源地とするM9・0という、いまだかつて私たちが経験したことのない、歴史上まれにみる東日本大震災、そしてその大震災による東京電力福島第一原子力発電所の水素爆発にともなう放射性物質の拡散と汚染ですわね。

すっかり活力をうしない、ちぢみの傾向にある日本経済。そのようなところに一万八〇〇〇人もの死者・行方不明者を出した東日本大震災が追い打ちをかけてきました。

この二つの災厄に見舞われて迎えた二十一世紀のニッポン。前途はまさに多難であり、楽観はけっして許されません。それだけに私たちは、このような時こそ広い視野と見識を持ち、誤りなき日本の進むべき舵取をおまかせできる、しっかりしたリーダーの登場を望むものです。

ところがどうでしょう。民主党も自民党も凋落に歯止めがかからないありさまです。とくに民主党は目を覆うばかりじゃありませんか。存在すること自体が国民に罪をつくる、それほどの政党になり果ててしまいました。

二〇〇九年八月の総選挙では国民の期待にこたえて三〇八名もの議席を獲得し、自民党一党支配に取って代わって政権の座に就きました。

政官業の利権と癒着にまみれた自民党政治の古い上着を脱ぎ捨て、民主党という、新調したファッショナブルな上着に着替えてこころもさわやかに、さあこれから生活者のための政治を、という意気込みでスタートしたはずです。なのに一年もたたないうちに鳩山由紀夫首相は退陣に追い込まれるなどシロウト政治が露呈し、はやくもメッキがはがれ、錆びさえあらわれるしまつじゃありませんか。つぎつぎと離党する議員があとを絶たないのがそうです。既成政党にはもはやなにも期待できない。国民の失望は深まるばかり。私もそのひとりでした。けれど、だからといってこの国を捨て、日本国民をやめるわけにはゆかず、ここで生きてゆくかぎり付き合わざるを得ません。

だったら、どうすればいいのかしら……。やっぱり小沢一郎！　私の答えはここにもどってまいります。

国民とのあいだに交わしたマニフェストを破り、期待に背を向けた民主党に見切りをつけた小沢一郎は二〇一二年七月、『国民の生活が第一』を立ち上げ、代表に就きました。所属議員は四十数名ですからまだまだ少数政党にすぎません。そのため、いかに正論を語り、政策をかかげても実現はたやすくないでしょう。

だからといって節を曲げてはいけません。迎合する必要はないんです。国民のための政治、まっとうな政治をつらぬくかぎりあとについてゆく国民はおり、けっして見捨てることはありません。

この私がそうです。小沢一郎が民主党を離党したのに合わせて私も民主党の党員資格を民主党本部にお返しいたしました。これは、小沢政治をこれからもささえてゆくという私の、そして茨城一新会の意思表示です。

一寸先は闇――。政治の世界を語るときの、これは常套句ですね。それぐらいめまぐるしく、油断がならない、それが政局、ということをいいたいのでしょう。たしかにさまざまなメディアから洪水のように伝えられる情報に接してますと、昨日のことさえはるか以前のできごとと錯覚するほど、変化が激しいですね。

それだけにメディアには正確に報道をしてもらいたいと同時に私たちも惑わされてはいけないのです。目の前に起きていることがらに一喜一憂していてはいけないのです。なにが本質で、なにがそうでないか。この点の見極めさえしっかりしていれば、たとえ少数派であろうとビクビクすることはありません。

本物の政党は生き残り、そうでない政党はいずれ淘汰されるものです。むしろ政局が混沌とし、混迷の度合いを深めれば深めるほど本物は輝きを増してゆきます。

小沢一郎は絶えず国民目線に立った政策をかかげてきたにもかかわらず悪党といわれつづけております。しかし政治家に欠かしてならないのは決断、実行、責任、約束、これではないかと私は思うのです。政治家と名乗る議員はかずかずおりますが、けれどこれらを実行している政治家、小沢一郎をおいてはたしてほかにいるでしょうか。ですから茨城一新会も、まっつぐな政治家小沢一郎をささえつづけることに迷いはなく、堂々とまいりますわ。

それにしても月日の経つのは早く、あっという間に時は過ぎます。

小沢一郎の追っかけをはじめて足掛け二十四年。この間にはさまざまなことがありましたが、とりわけ〇九年八月の民主党による政権交代はじつに印象深く、思い出すたび今でも胸にグッとくるものがあります。

ところが三年三カ月後の民主党はどうでしょう。二〇一二年十二月の衆議院議員選挙で民主党はわずか五十七人の当選で惨敗。政権の座を自民党に奪われ、野党に転落です。国民の期待にそむき、消費税増税や原発再稼働にカジを切った当然のむくいです。

小沢一郎も、卒原発で一致するとして嘉田由紀子滋賀県知事と合流し、選挙直前の十一月になって日本未来の党を結成し、総選挙に臨みましたわね。ところが公示前は六十二人を擁していたにもかかわらず当選したのは九人でした。嘉田氏も、県知事という肩書だけではとても国政選挙に勝てないことが、これでお分かりになったのではないかしら。

しかしこれで終わる小沢一郎ではない、と私は信じております。したがって小沢一郎が陣頭指揮を執り、一日も早く生活の党を再建し、次なる機会に備えてほしいものです。私も、「さあ、どうする小沢一郎」――このような期待を持ってこれからもしっかりと見守ってゆくつもりです。

とまあ、私の、このようなことを申し上げるために惜しみない助言と激励を送ってくださり、そのうえ上梓のプロデュースまでしてくださいましたフリージャーナリストの岡村青氏、そしてさらにこの手記を世に送り出してくださいました言視舎代表の杉山尚次氏の、お二人のご厚情に対し、あらためてこころから御礼を申し上げたいと思います。

二〇一三年一月

畑 静枝

付録・**私の家族**（人間より話はわかります）

ゴン君
（長男、ホワイトテリア）

モモタロウ君
（三男、ホワイトテリア）

ジュン君
（次男、コッカスパニエル）

ボクちゃん
（四男、ボクサー）

年月	小沢一郎に関する年表	畑静枝に関する年表
一九四〇年　四月		茨城県旧葛城村で誕生
一九四二年　五月	小沢一郎東京下谷で誕生	
一九六九年十二月	旧岩手二区から自民党公認初当選	
一九七六年十二月		塚原俊平茨城二区自民党初当選、自民党員になる
一九八五年　二月	創政会設立に参画	
十二月	自治相・国家公安委員長	
一九八九年　八月	海部俊樹内閣発足、自民党幹事長	
十月		小沢一郎自民党幹事長と初対面、小沢追っかけ始まる
一九九三年　六月	自民党離党、新生党代表幹事	
一九九五年十二月	新進党党首	
一九九七年十二月	新進党解党	塚原俊平議員死去、葬儀参列
一九九八年　一月	自由党発足党首	自由党党員
十二月		小沢政経フォーラム初参加
二〇〇三年　五月		箱根研修で小沢一郎と初めてツーショット
九月	自由党解党、民主党合併	民主党党員
二〇〇六年　四月	民主党代表	

二〇〇七年 四月		茨城一新会設立、会長就任
二〇〇九年 八月	衆議院総選挙民主党三〇八議席獲得	衆議院総選挙民主党推薦候補二名当選
九月	鳩山由紀夫内閣成立、民主党幹事長	
十一月		国会訪問団二四五名引率
二〇一二年 四月	陸山会事件一審無罪	
七月	国民の生活が第一結党	民主党党員脱会
十月		国民の生活が第一結党大会参加
十一月	陸山会二審無罪、日本未来の党合併	
十二月	衆議院総選挙で日本未来の党九議席、生活の党結成	衆議院総選挙日本未来の党候補者応援

[著者紹介]
畑 静枝（はた・しずえ）
1940年4月茨城県生まれ。茨城県立水海道第二女子高校卒。新潟日報勤務を経て、87年帰郷。88年、茨城県建設機械リース業協会専務理事就任。現在、株式会社「静涼会」、株式会社「つくばブルータワー」および有限会社「グロウ」等の代表取締役。

装丁………佐々木正見
DTP制作………勝澤節子
編集協力………田中はるか

さあ、どうする小沢一郎

発行日❖2013年2月28日　初版第1刷

著者
畑 静枝

構成
岡村 青

発行者
杉山尚次

発行所
株式会社言視舎
東京都千代田区富士見 2-2-2 〒102-0071
電話 03-3234-5997　FAX 03-3234-5957
http://www.s-pn.jp/

印刷・製本
㈱厚徳社

ISBN978-4-905369-52-3 C0036